COMPLIANCE CREATES VALUE
ZTE´S COMPLIANCE BUILDING PRACTICE

ZTE

合规创造价值

中兴通讯合规建设实践

中兴通讯股份有限公司　著

法律出版社 | LAW PRESS
北京

图书在版编目(CIP)数据

合规创造价值：中兴通讯合规建设实践 / 中兴通讯股份有限公司著. -- 北京：法律出版社, 2023
ISBN 978-7-5197-8449-2

Ⅰ. ①合… Ⅱ. ①中… Ⅲ. ①企业法-研究-中国 Ⅳ. ①D922.291.914

中国国家版本馆 CIP 数据核字(2023)第 199568 号

合规创造价值
——中兴通讯合规建设实践
HEGUI CHUANGZAO JIAZHI
—ZHONGXING TONGXUN HEGUI JIANSHE SHIJIAN

中兴通讯股份有限公司 著

策划编辑 沈小英 刘晓萌
责任编辑 刘晓萌
装帧设计 鲍龙卉

出版发行 法律出版社
编辑统筹 法治与经济出版分社
责任校对 张翼羽
责任印制 吕亚莉
经　　销 新华书店

开本 710 毫米×1000 毫米 1/16
印张 17.25 **字数** 217 千
版本 2023 年 11 月第 1 版
印次 2023 年 11 月第 1 次印刷
印刷 天津嘉恒印务有限公司

地址：北京市丰台区莲花池西里 7 号(100073)
网址：www.lawpress.com.cn
投稿邮箱：info@lawpress.com.cn
举报盗版邮箱：jbwq@lawpress.com.cn

销售电话：010-83938349
客服电话：010-83938350
咨询电话：010-63939796

书号：ISBN 978-7-5197-8449-2
定价：116.00 元
凡购买本社图书，如有印装错误，我社负责退换。电话：010-83938349

序　一

当下,合规经营已成为中国企业行稳致远的必由之路,合规是企业发展的安全之本,违规也成为企业运营的风险之源。一方面,当前国际经贸形势依然错综复杂,各国不断加强合规相关立法的广度、深度和执法的强度、频度,对于国际产业链中的中国企业,特别是“走出去”企业,合规经营至关重要。另一方面,引导企业合规管理也日益受到国家重视。自“十四五”规划明确提出“引导企业加强合规管理”“推动民营企业守法合规经营”以来,国家不断出台更新企业合规相关规则指引,如颁布《中央企业合规管理办法》,探索建立涉案企业合规司法制度等,将推动企业合规作为提升国家经济竞争力的重要组成部分。由此可见,合规不仅关系企业生存和发展,是企业应对风险、保持稳定增长和提高竞争力的必要手段,还在维护国家经济安全、促进企业健康发展等方面具有深远意义。

在这样的背景下,中国企业要主动适应全球企业竞争的新局面,树立正确的合规价值观,将遵循外部法律法规的合规要求与企业内部实际管理需求有效结合,建立以组织架构、制度体系、运行机制、文化建设为支柱,涉及企业全业务流程的全面合规管理体系。在理念上高度重视合规,投入足够的资源和关注；在实践上重视合规专业人才的培养和储备，同时在企业生产、运行的全流程嵌入合规要求。合规是全企业上下的系统化工程，但绝不是一个企业或少数企业的事情，而是广大企业乃至整个行业的责任，企业要与产业链上的合作伙伴一起建设合规的营商环境，与政府、行业商协会等各界共同推动我国经济的高质量发展。中国机电商会作为机电产品进出口行业唯一的全国性商会，为旗下会员企业“走出去”提供行业支持和专业服务，也积极倡导会员企业守法依规经营、挖掘优秀实践案例，共同打造健康且良性的合规生态。

中兴通讯作为国内企业合规建设的践行者，经过多年的探索与迭代，已建立起了以出口管制合规、反商业贿赂合规、数据保护合规三大领域为代表的企业合规管理体系，形成了合规嵌入业务、合规数字化、合规闭环管理等特色方法论。《合规创造价值——中兴通讯合规建设实践》一书是中兴通讯合规建设丰富经验的沉淀，不仅“授人以鱼”，介绍了中兴通讯合规管理体系的建设实例，更“授人以渔”，总结了中兴通讯合规体系建设的方法论和经验，为其他企业探索适合自身的合规建设路径提供了宝贵的路径参考。这种积极与业内分享合规经营理念与文化的做法，也体现了企业社会责任的传递，对提升行业合规经营意识与水平有着积极的意义。相信不论是高校学者、企业高管还是行业相关人员，都能从本书中汲取养分、收获启发。

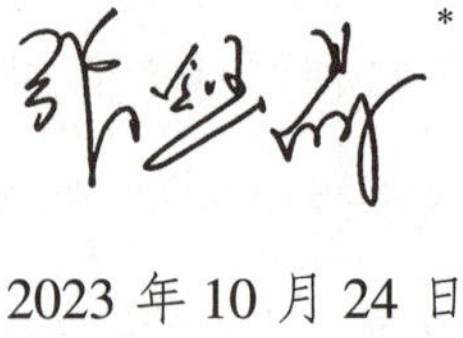
*

2023 年 10 月 24 日

* 张钰晶，中国机电产品进出口商会会长。

序　二

“十一”假期刚过，就收到中兴通讯公司的邀请，说是该公司法律合规团队完成了一部介绍中兴合规经验的书稿，想请我写一篇序言。考虑到中兴通讯曾多次邀请我前往公司考察，并曾与我合作过一项合规研究，而我对中兴公司的合规管理也一直“心向往之”，于是就愉快地答应了写序的邀请。

收到这部题为《合规创造价值》的书稿，我认真通读了几篇，对该书的框架结构和内容有了大致的了解，对中兴公司的合规管理经验也产生了更为直观的认识。应当说，从学术界到实务界，再到整个中国社会，能够对“企业合规”问题产生普遍兴趣和深刻认识，是与2016～2018年所发生的“中兴事件”具有密切联系的。正是在那起事件之后，我国企业界、行政监管部门、司法机关对于“企业合规管理”才产生了异乎寻常的重视，并逐步开始就企业自主性合规、行政监管合规、合规整改等进行了各种制度探索。2020年7月，在疫情略微缓解的间隙，我曾应邀前往中兴公司参加一个合规论坛，并参观了中兴公司的通讯博物馆，与法律合规团队进行了专门座谈，对中兴公司的合规管理体系建设有了初步的了解。2021年5月，我曾带领学生前往中兴公司再次进行调研。后来,通过与中兴公司开展合规监督员制度的合规研究,我与研究团队成员第三次前往中兴公司,进行了交流和座谈。通过阅读有关中兴公司合规管理体系建设的文献,我曾经撰写过《中兴公司的专项合规计划》和《中兴公司的出口管制合规计划》这两篇文章,在《中国律师》杂志发表,试图以此推介中兴公司的合规管理经验。

自2018年以后,中兴公司在合规管理方面可谓是“脱胎换骨”“浴火重生”。该公司无论是在合规管理理念的塑造,还是在合规组织体系、风险管控体系、合规运行机制、合规保障机制改进等方面,都形成了独具特色、自成体系的经验。该公司的高管曾通过各种方式介绍过诸如中兴的合规文化、合规组织结构、合规三大重点领域、以风险为导向的合规管理等方面的经验,尤其是反复提及“合规融入业务流程”的独特机制。但是,由于受篇幅限制,加上在理解书面文本方面所出现的解读隔膜,对于中兴合规管理经验的了解还是初步的和肤浅的,对于这种合规管理的设计和运行仍然存在诸多方面的疑问。在某种程度上,面对国内以国有企业“全面合规”为代表的合规体系建设,面对行政监管部门推进企业合规管理的实践探索,面对司法机关所开展的涉案企业合规改革试点,中兴公司的合规实践具有一定的“神秘性”,很难为一般人发现其真谛,解释其实质,揭示其精华。尤其是中兴公司身处我国改革开放最前沿的深圳,该市已经启动了全面开展“城市合规建设”的进程,深圳市行政机关和司法机关在推进企业合规管理又走在全国的最前列。在此情况下,中兴公司的合规管理经验如何得到准确解读,如何为其他企业在建立有效合规体系时加以借鉴和参考,就成为一个业界普遍议论的话题了。

《合规创造价值》一书,从公司内部视角出发,对中兴公司合规体系建设的经验作出了系统性介绍,完整呈现了该企业从合规理念到合规方法、从合规制度到合规管理实践的全景式图像。可以毫不夸张地说,作者以博大的胸怀、宽阔的气度和无私的精神,将本可以作为公司"商业秘密"的合规管理奥秘倾囊相授,向全社会展示了合规管理建设的"全部家底",为其他企业建立或改进合规管理提供了极为有益的经验。全书共分六个章节,系统介绍了中兴公司的合规治理理念,总结了公司的合规建设方法,揭示了公司的整体合规运行体系,分析了公司在开展出口管制合规、反商业贿赂合规以及数据保护合规方面的实践和经验,并对该公司的合规稽查专项实务进行了充分阐释。读罢全书,我对中兴公司的合规管理有了较为透彻的了解,过去存在的诸多困惑都"烟消云散",对于这种合规管理的精髓也有了更为深刻的理解。为帮助读者深入理解中兴公司的合规管理经验,以下拟从几个方面对《合规创造价值》一书作出一些专业解读。

一、中兴通讯的合规理念

中兴通讯将恪守商业道德、遵守业务所在国法律法规作为企业合规经营的基本理念,致力于形成高效的合规管理,将合规管理嵌入全部业务流程,实现业务与合规的深度融合,创建业内一流合规管理体系,确保合规成为公司的商业竞争优势,实现"合规创造价值"的目标。

在中兴公司的经营过程中,合规具有"公司发展战略基石"的地位,而不仅仅属于一种单纯的职能部门。中兴通讯将“商业可持续”作为最优先保障，在安全经营前提下提高管理效率，对违规事件保持零容忍的态度，维护客户、合作伙伴、股东、员工等利益相关方的长远利益。中兴通讯在推进合规管理过程中，从初期树立以体系要素为核心的管理导向，走向当前更为灵活和聚焦的风险导向，强调合规从“有效”到“高效”的进阶之路，不断优化合规嵌入业务管控和合规工具的产品化。

中兴公司的合规文化建设不仅在书面文本中得到表达，而且体现在一系列制度建设过程之中。董事长和总裁定期向全体员工、股东、商业伙伴等发布公开信，表达有效实施合规管理的决心和承诺；公司高管作为各自领域的第一责任人，签署合规责任状，通过内部会议、视频、书面和内部大讲堂等方式进行合规承诺；公司通过开展全员合规培训，积极倡导全员监督，建立健全内部举报系统，开展全方位外部合作等方式，强化合规文化落地生根，使企业形成一种依法依规经营的文化氛围、价值倾向和行为习惯。

根据对“合规价值”的理解，中兴通讯的合规管理经历了三个发展阶段：一是“守护价值”阶段，在危机事件发生后，设定公司红线，将合规嵌入业务流程，实现子公司穿透管理，避免公司再次发生系统性合规事件；二是“协同发展”阶段，持续提升和优化合规管控的效率和精准度，强化合规稽查，实现闭环管控；三是“创造价值”阶段，树立合规标杆，不断提升合规品牌影响力，构建与公司业务实践相一致的一流合规管理体系。本书的书名《合规创造价值》，既表达了公司的关键合规理念，也揭示了该公司合规管理的精髓之所在。

二、以风险为导向的合规模式

目前,国内众多企业在监管部门和司法机关的压力和要求下,开始进行建立合规管理体系的探索。但是,无论是监管部门、司法机关还是企业本身,都奉行一种"大合规"或"全面合规"的理念,注重建立一种以遵从规则为目标,以合规义务梳理为基础,遴选多个重点合规风险领域并覆盖企业全部人员、全部环节和全部流程的合规管理体系。对于这种合规管理理念,中兴通讯称为"以管理为导向的合规体系建设思路"。中兴通讯在2018年危机发生后曾按照这一思路进行合规体系建设,也就是"从合规文化建设、合规资源投入、流程制度建设和专业能力提升四个维度",通过投入巨量资源,快速地建立了一种"自上而下"的出口管制合规管理体系。这种合规管理围绕着合规体系建设八要素,将PDCA(Plan-Do-Check-Act,计划—执行—稽查—处理)循环的模式引入合规管理之中,创设了业务与合规的双循环模式,将合规管理的核心界定为"合规规则的制定""全面无死角的培训""坚决的执行""有效的稽查"。但是,随着合规管理"进入深水区",中兴通讯逐渐意识到这种"不分场景地僵化遵从规则"的做法,存在盲目执行、效率低下等严重弊端,不能满足实际业务中灵活多样的场景化需求。为克服这些弊端,需要对企业合规风险进行实时监控和防范,推动风险治理前移,梳理一种"以风险为导向的合规管理体系"。

根据"以风险为导向"的合规理念,中兴公司确立了"风险—管控—流程—工具”的风险控制流程。该公司区分了“抽象性合规风险”和“具象性合规风险”，将前者定位为一种宏观的、概括的、潜在的合规风险，将后者界定为一种微观的、纯粹的、现实的合规风险。在识别具象性合规风险的基础上，该公司明确合规规则的出处和遵从基线，为合规管控提供依据和载体；为保证合规管控措施落地实施，企业将合规规则在业务流程中融入“关键管控点”（Key Control Point，KCP），避免出现合规与业务“两张皮”的现象；然后通过引入合规管控自动化系统，实现合规管控工具的“产品化”，确保合规规则得到有效执行。据此，通过对合规底层思维的掌握，以具象性风险识别为导向，以合规管理为工具，有效推进合规规则与具体业务的深度融合，形成契合业务实际的合规管理体系。

三、中兴通讯的合规组织架构

为实现有效的合规管理，真正发挥管控合规风险的合规目标，中兴通讯建立并逐步完善了合规领导和组织架构。为贯彻高层承诺原则，公司在董事会层面上，设置“合规管理委员会”，将其作为合规管理领导和决策机构。为保证合规决策得到强有力的执行，该委员会由公司总裁担任主任，公司全体高级副总裁及以上人员担任委员会成员。

为实施“以风险为导向的合规管理”，中兴通讯经过审慎的风险识别和评估，将出口管制、反商业贿赂和数据保护视为企业所要重点防控的系统性风险领域。与此相对应，企业在总部层面设置三个专项合规管理部门：出口管制合规部、反商业贿赂合规部和数据保护合规部。在上述三个部门，分别设置合规专家中心（Center of Expertise，COE），目前已经形成100人左右的专家中心队伍。这些专家牵头各自领域的风险控制体系建设工作，致力于将合规管控要求“本地化”。

为确保合规与业务的深度融合，避免发生合规与业务“两层皮”的现象，中兴通讯组建了合规组织管理部，将那些来自一线业务单位、熟悉业务流程的人员招募为合规管理人员。公司创造性地设立了专门的业务单位（Business Unit，BU）合规职能，按照公司业务单位的划分，形成了14个BU团队，分别对接公司各业务领域的业务人员和管理需求。合规组织管理部在总体合规管理中处于中介和桥梁的位置，对上承接COE部门的政策和任务，对下接收业务单位的咨询和上报。

为确保在一个庞大的组织体内部快速形成有效的合规建设通道，中兴通讯设置了“合规联络人”机制，在各管理单位和各子公司设置一名合规联络人，由其负责按照专业合规团队、所在单位的要求，负责合规规则、标准和指引的传递和有关合规管理任务的执行工作。对于没有设置合规联络人的业务单位或子公司，默认由该单位或子公司的总经理担任合规联络人。

在建立合规管理组织体系的基础上，中兴通讯建立合规风险控制的“三道防线”。其中，为确保全体员工参与到合规风险防控过程之中，公司确定各业务单位为合规管理的“第一责任人”。合规COE部门作为第二道防线，通过规则制定和持续监督来识别和处理合规风险。合规稽查部门作为第三道防线，负责接收违规事件的举报、违规事件的调查、违规人员的处分以及持续不断的合规审计工作。上述三道防线相互联系，共同发挥作用,发挥有效管控合规风险的效果。

合规管理组织体系需要与合规风险管理运行机制结合起来,才能发挥有效合规管理的目标。经过5年多时间的制度建设,中兴通讯已经初步形成一种包括合规风险评估、合规规则建设、合规过程监督、合规危机应对在内的合规运行体系。

四、三大风险领域

与国内众多大型企业动辄开展“大合规”或“全面合规”的合规体系建设道路不同,中兴通讯探索出了一条“以管控系统性风险为主的专项合规管理体系”。所谓系统性风险,不是一般的合规风险,而是会严重影响企业可持续经营的重大合规风险。根据中兴通讯的行业特性,经过审慎的风险识别和评估,该公司将专项合规治理集中在三大风险领域:贸易合规风险、腐败风险和数据合规风险。

所谓贸易合规风险,主要是指物项和技术进出口管制风险,由于中兴所从事的通信行业国际供应链很长,要保证企业的供应链安全和可持续经营,就不得不确保各项交易遵从产业链上各个国家的出口管制法律。该公司将贸易合规风险列为首要系统性合规风险,并据此建立了出口管制合规管理体系。

所谓腐败风险,又称为商业贿赂风险,这是外向型企业所普遍面临的系统性合规风险。中兴通讯属于资金密集型企业,会从事重大基础设施建设,容易发生腐败事件。再加上该公司从事海外投资经营活动,也会面临海外子公司、分支机构、办事处、代理商等违反所在国或所在地区反腐败法律法规的风险。因此,中兴通讯建立了专门的反商业贿赂合规管理体系。

所谓数据合规风险,既是外向型企业在面对日趋严格的国际和国内数据合规监管要求的情况下所要管控的重大风险,也是通信行业所普遍面临的特有合规风险。通信行业是“数据经济的筑路行业”,是“数据产生、处理和转移的基础”,为防范个人数据保护和数据跨境转移等方面的风险,中兴通讯必须建立并实施数据保护合规管理体系。

按照中兴通讯副总裁黎文的说法,上述三大风险领域“属于通信行业可能面临的影响企业可持续经营的三大系统性合规风险”,为有效应对这些风险的发生,中兴通讯“构建了‘规则制定—落地执行—稽查监督’的业务闭环,形成了有效的合规专项治理体系”。至于其他“非系统性合规风险”,一般通过第一道防线以业务流程管控方式进行控制,不需要进行专项合规治理。

五、合规如何嵌入业务流程

如何防止合规与业务呈现“两层皮”的现象?如何将合规管理真正融入业务流程之中?这是企业在推进合规体系建设过程中需要解决的关键问题。在这一方面,中兴通讯进行了多年的努力和尝试,探索出了一条合规融入业务流程的有效管理路径。

首先,在确定合规管控领域的前提下,需要准确定义和识别合规义务。企业根据法律、法规及相关规则,使其转化为具体的合规义务,将其纳入合规政策和员工手册之中，使之成为企业上下一体遵守的行为规则。中兴通讯建立了多维度和实时的“外法监控渠道”，设立专门的政策追踪团队，对相关领域的合规政策进行追踪，分析其对公司业务的影响，修订各合规领域的合规义务清单。

其次，在确定合规义务的基础上，进行合规风险由抽象向具体的转化。通过持续进行风险评估，深入了解企业的经营状况及存在的合规风险，先发现那种宏观的、潜在的、概括的“抽象性合规风险”，再缩小范围，找到那种微观的、现实的、迫在眉睫的“具象性合规风险”。简要说来，就是将可能违背公司合规义务的风险映射到具体的业务活动，在业务活动中设置关键合规风险点以及相应的合规管理要求，以达到管控合规风险的目标。

再次，在识别和分析具象性合规风险之后，企业需要确定业务流程中的关键控制点（KCP）。关键控制点是指“一个能够预防和消除风险的影响或将其减少到可接受水平的控制措施”，如检查、验证、评审、审核、复核、决策、考核、预算、预警、分析、授权、盘点、不相容职务分离等措施。通常情况下，企业可以通过四个步骤来判断某一风险控制点是否为关键控制点：一是判断该流程节点是否有风险控制措施？二是判断该流程节点是否有专门用于消除风险因素或能够将风险因素降低至可接受风险水平的管控措施？三是判断风险因素的影响是否超出可接受水平？四是判断后续步骤是否可以消除或降低风险发生的影响？通过建立一个判断控制点属性的模型，企业可以判定风险控制点的类型，结合风险评估结果和业务类型来设定KCP，有效分配合规管理资源，增强风险管控能力。

在识别每个KCP的基础上，企业需要根据风险的具体内容，制订相应的管控方法。例如，在出口管制合规管理中，具象性合规风险通常涉及主体、国家或地区、物项和最终用途等四个要素，企业需要针对某一具体风险点，来设置相应的 KCP 管控要求，如“进行受限制主体扫描”“进行尽职调查”“进行受制裁国家或地区筛查”“确认出口授权”等。

不仅如此，企业还要将合规 KCP 的管控要求进行有效落地。无论是管控方式还是合规工具，都要结合企业业务管理的情况，结合资源状况和管理成本，制订合理有效的合规管控落地方案，最终将合规管控要求嵌入业务，达到合规融入业务流程的效果。

最后，针对新的合规风险，从管理和业务两个方向优化合规管理体系。一方面，根据外部规则的变化，自上而下地按照规则优化原则，通过系统性地审视规则“金字塔”体系，从合规政策—原则性规范—流程性规范—KCP，全面梳理合规管控原则、流程规范和管控 KCP，找到制度中的疏漏和盲点。另一方面，根据业务驱动的原则，通过向业务人员收集合规优化建议，快速识别合规优化点，优化流程中的 KCP，确保合规流程更加符合业务发展需要。实践中，这种源自业务需要的自下而上的合规优化方式，可以从清除、简化、整合、自动化四个方面加以展开。

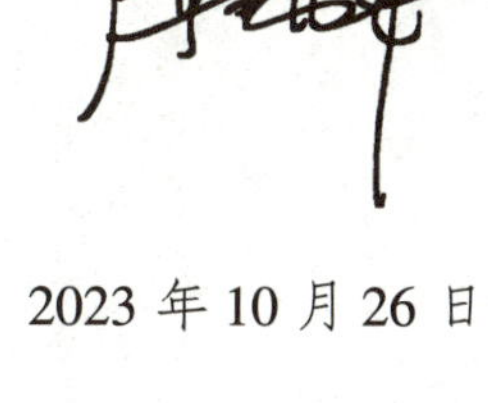
*

2023 年 10 月 26 日

* 陈瑞华，北京大学法学院教授。

序　三

近年来,“合规”一词已经成为企业治理的热点话题,其一般是指企业行为符合外部法律法规、内部制度和商业道德的状态。合规是企业经营安全的前提,一家企业的业务活动需要遵守各种各样的法律法规,例如,企业日常运行可能涉及劳动用工、反垄断、反商业贿赂等方面的法律规制;不同的业务活动开展也可能受到不同方向的规制和约束,涉及进出口的企业可能受出口管制相关法律法规的影响,而涉及数据收集和处理的企业则需要遵守数据保护方面的规定。此外,企业的经营不仅需要遵守所在国的法律法规和行业规范,对于跨国运营的企业,更受到不同国家和地区的监管。当前,各国对于商业活动的监管日趋频繁,特别是对于像中兴通讯这样的科技企业,更面临着复杂的监管环境。一个企业如果不遵守法律法规,就会产生极大的经营风险,即使在短期内获利,长期来看也会遭受损失,无法得到长足的发展。因此,中兴通讯将合规视为经营的前提和底线,并将其作为企业治理的重要组成部分。

中兴通讯一直坚持一个理念,就是合规不仅能守护价值,更能创造价值。企业决定开展合规管理,短期来看不可避免会增加人力、物力等各项资源的投入，但长期来看可以降低未来因潜在不合规因素给公司造成的系统性风险和不确定性，进而增强股东、员工和客户对它的信心，持续提升合作伙伴对公司产品和服务的满意度，最终帮助企业成长为“百年老店”。中兴通讯将合规与人才、内控并举，列为公司经营和发展的战略基石，就是希望能在安全经营的前提下，实现管理成本最优化和商业效率最大化，以有效支撑公司可持续发展，更好地守护中兴通讯客户、合作伙伴、股东、员工及其他利益相关方的利益。

我理想中的企业合规应包括以下三个方面：首先，企业的合规需要成体系。合规管理应该是全方位的，能够以风险为导向，有效应对公司经营面临的各类主要风险。中兴通讯结合自身经营的特点和需求，建立了以出口管制合规、反商业贿赂合规、数据保护合规三大领域为代表的合规体系，组建了合规管理委员会作为合规事项最高决策机构，形成了以业务单位为合规第一责任人、合规专家中心部门制定政策与落地实施、合规稽查部门审计与调查违规行为的风险控制“三道防线”。同时，对于大型企业和跨国企业来说，合规体系不仅应覆盖总部，而且应覆盖国内外的各个子公司和分支机构。

其次，合规体系还需要有全面、严格的执行。企业的合规要求只有在实践中得到了实施，合规管理才真正发挥了效果。中兴通讯通过识别和设置关键管控点，将合规嵌入业务全流程，以闭环管理保障合规风险的有效治理；在业务部门设立合规联络人，将合规融入公司经营的“毛细血管”；同时开发各类线上工具，以系统代替人工，在降低合规给业务带来的负担的同时，进一步提升合规的执行度。此外，合规管控并不是一成不变的，需要根据外部风险变化与内部业务需求不断优化。

最后，合规体系需要使合规成为一种企业文化。企业上下应当认同合规的价值，并具有高度的合规意识，只有从“要我做”的被动合规转变为“我要做”的主动合规，合规管理才能具有长久的生命力。中兴通讯管理层对合规高度重视，在各种场合为合规发声，以实际行动塑造公司的合规意识。公司落实全员合规培训，保证员工具有与岗位职责相匹配的合规知识，同时积极开展各类合规文化活动，将合规文化根植在每一位员工的心中。

“独乐乐不如众乐乐”，在合规治理已经成为国内企业主流发展趋势的当下，中兴通讯在自身通过合规管理实现企业治理升级的同时，愿意积极总结和分享自身实践经验，让科学的合规管理理念惠及更多的伙伴。中兴通讯的发展离不开行业各界的支持与陪伴，我们希望通过《合规创造价值——中兴通讯合规建设实践》的出版，为共建合规营商环境作出一点微小贡献。

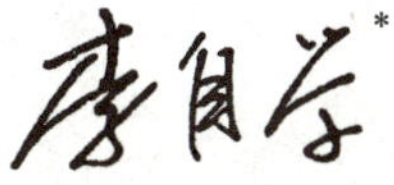*

2023 年 10 月 30 日

* 李自学，中兴通讯股份有限公司董事长。

目　录
CONTENTS

前　言

中兴通讯作为通信设备制造领域的杰出代表，自1996年初探国际业务以来，已在全球设立了107个海外代表处，与全球160多个国家和地区的500多家运营商建立了业务关系，是中国“走出去”企业当中的先驱和模范。恪守商业道德，遵守业务开展所在国的法律法规，是中兴通讯在全球合规经营的基本原则。作为在深港两地上市的公司，合规经营既是中兴通讯的必由之路，也是中兴通讯30多年经营的经验总结。

通过近些年的国际化业务探索，中兴通讯在合规治理方面积累了一些成熟的经验，业已建成一套与公司业务实践相一致的运行有效的合规管理体系。同时，中兴通讯也深刻认识到，合规建设是一项需要持之以恒、坚持不懈的工作。为了更好应对日益复杂的国际环境，中兴通讯正在不断朝着“更加低感且高效”的合规管控之路昂首迈进。

中兴通讯希望将自身合规建设的理念及实践经验，以及不断摸索探究的合规体系建设方法与业界共享，以期帮助更多公司有效推进合规治理，助力企业发展行稳致远。我们也希望与更多行业同仁一起继续践行“合规创造价值”的理念，携手构建健康可持续的企业生态。

本书为中兴通讯合规团队对合规建设经验的全方位总结，重点阐述中兴通讯合规建设方法论及合规管理体系，同时详细介绍中兴通讯三大专项合规实务（出口管制合规、反商业贿赂合规、数据保护合规）及合规举报、调查和审计专项实务中的具体实践及案例，进一步呈现中兴通讯合规建设的实际情况。

在谈及具体的方法论之前，本书将首先解析中兴通讯的合规理念，并回顾近些年中兴通讯合规建设的进阶路径，以期读者能够基于此走近中兴、了解中兴。

一、合规的地位：作为战略基石的企业合规

相对于产品经营风险而言，跨国经营过程中因合规问题招致的系统性风险，将直接影响公司的生死存亡。2018 年，中兴通讯因经历严重的出口管制合规事件危机，导致海内外经营遭受重创。在沉痛的教训下，中兴通讯新任管理层将合规纳为公司的战略基石并投入巨额资源，开启了全面重建合规管理体系的历程。

首先，中兴通讯进一步明确“合规是公司的战略基石”，是“公司经营的前提和底线”。中兴通讯所有的规则都以商业可持续作为最优先保障，在安全经营的前提下实现管理成本最低和效率最高。同时，公司对违规事件秉持零容忍的态度，以此来更好地守护中兴通讯客户、合作伙伴、股东、员工及利益相关方的利益。

中兴通讯董事长和总裁每年发表对公司全员的声明,表达合规建设决心;同时,公司高管作为各自领域合规性的第一责任人签署合规责任状,在各种场合通过内部会议、书面等多种形式进行合规承诺,向全员传递合规的战略基石地位和重要性。

其次,中兴通讯进一步加强合规在业务中的管控落地,将合规治理深入公司实际经营活动中。例如,公司设立合规管理委员会,作为指导合规管理体系运作与合规事项的最高决策机构。该委员会将公司级合规制度制定,以及其他可能对公司持续经营产生严重影响的重大合规事项的审议与决策纳入其工作界面,由公司总裁担任该委员会主任,全体高级副总裁及以上人员担任委员,确保中兴通讯高层参与合规决策,业务侧领导直接对其所管辖业务的合规性负责。

在合规管理方面,公司还确定了风险控制"三道防线",实行全流程合规风险管理及一系列保障合规体系有效的机制,这部分内容将在后文详细展开。

最后,中兴通讯还制定了与公司发展战略同步的合规治理战略,在坚守合规经营的同时,让合规为公司创造价值。整体合规治理战略分为三个阶段:第一阶段"守护价值",通过设定公司合规红线,将合规嵌入业务流程,实现子公司穿透管理,避免公司再次发生系统性合规事件;第二阶段"协同发展",持续提升和优化合规管控的效率和精准度,强化合规稽查,实现闭环管控;第三阶段"创造价值",树立合规标杆,不断提升合规品牌影响力,构建与公司业务实践相一致的一流合规管理体系。

通过确立合规的战略基石地位以及投入巨额资源,中兴通讯快速从合规文化建设、合规资源投入、流程制度建设和专业能力提升四个维度进行了合规变革或加强，完成了合规管理体系的初步建设。在全公司的支持下，合规团队继续深入探索合规的核心价值，并进一步结合公司的业务实际需求深化合规治理。

二、合规的价值：合规保障商业可持续

企业做合规不仅有外在驱动力，更有内在驱动力。每个企业在发展过程中，都会面临商业可持续和商业自由度之间的价值选择问题。面对市场竞争，企业自然会追求更高效率、更低成本，但如果一味地追求利润最大化，追求无约束的商业自由，企业的决策很可能因为短期利益而忽视长期利益，企业的管理很可能陷入野蛮生长的无序状态，最终导致企业失去持续竞争的能力，让企业的发展走向终结。

若企业想要长期稳健发展，业务有质增长，最终实现“百年老店”的目标，就必须走商业可持续的道路。如果说商业自由度是实现业务量级增长的天然温床，那么商业可持续则是实现业务有质增长和成就企业“百年老店”的前提条件。在商业自由度和商业可持续之间，中兴通讯选择商业可持续。

合规的核心价值在于，帮助企业实现商业可持续。商业可持续有两方面的内涵：一是安全，二是发展。一个企业如果不发展，就会在商业竞争中被淘汰；而一个企业如果要实现可持续发展，安全必须摆在首位。一方面，

只有保证经营安全,企业才能防范各种风险,获得长期稳健发展的机会;另一方面,经营安全是企业综合治理能力的体现,一个安全的企业往往更容易获得客户和投资者的青睐,从而拥有持续的竞争优势。

与此同时,商业可持续不是简单的“不做”,而是“按规则去做”。世界各国之所以对商业活动进行种种限制,就是希望企业在遵守法律规则的前提下去追求商业自由。合规不仅帮助企业了解什么不能做,更让企业了解在规则之下什么可以做、如何去做。有效的合规体系明确了企业的经营红线,帮助企业更好地根据外部环境和自身能力选择风险偏好,在不触犯红线的前提下,实实在在赋予企业更加大胆地追求业务自由度的能力,让企业在风险可控的边界去拓展业务。

商业可持续不仅关乎企业自身的生存和发展,而且关乎与企业合作的各类商业伙伴的利益。除了产品和服务,越来越多的企业在选择商业伙伴时关注企业的治理能力、有效应对风险的能力。因此,合规已经成为一项重要的企业品牌,其不仅是一项工具,更是一种品牌影响力,可以帮助企业树立遵纪守法的社会形象,赢得诚信经营的商业声誉。

中兴通讯不仅追求自我的商业可持续,也追求客户、供应商等商业伙伴的商业可持续,确保其在与双方的合作过程中是安全的,双方的商业关系和商业利益可以得到持续性的有效保护。

合规的核心价值不仅在于其是企业发展的动力,还在于其是企业社会责任的要求。现代大型企业越来越具有影响力,一家企业的决策不仅会影响自身和股东的利益,还可能影响劳动者、消费者、其他市场参与者的利益,甚至影响社会、环境等公共利益。这就要求企业在追求商业利益的同时，承担更大的社会责任。例如，企业建立完善的反商业贿赂合规体系，防范商业贿赂现象的滋生，可以维护公平的竞争秩序，体现了企业履行诚信经营的义务，也体现了企业的价值观念和道德规范，从而使企业树立良好社会形象。

中兴通讯一直积极履行企业社会责任，把社会责任融入公司的战略、企业文化和生产经营活动中，重视诚信合规经营，秉承正确的价值观和商业道德标准，坚持在全球范围内贯彻可持续发展理念，实现社会、环境及利益相关者的和谐共生。

在持续探索合规的价值过程中，中兴通讯始终认为，合规不仅能保障企业自身的经营安全，促进企业的可持续发展，还可保护产业链中各个商业伙伴的利益，推动整个市场建立良好的营商环境，最终实现企业本身、产业链乃至整个市场的商业可持续。因此，中兴通讯将始终致力于在安全前提下实现商业效率最大化和管理成本最优化，让合规成为员工和合作伙伴的安全带，护航企业的远航。

三、中兴通讯的合规建设进阶路径

（一）从“以管理为导向”到“以风险为导向”

在合规建设初期，中兴通讯形成了“以管理为导向”的合规体系建设思路，从合规文化建设、合规资源投入、流程制度建设和专业能力提升四个维度进行了变革，并投入了巨量资源助力自上而下快速地建立建成合规管理体系。在专项合规项目提升上,公司围绕放之管理领域而皆准的出口合规项目(Export Compliance Program, ECP)八要素体系化建设理念,将“策划—执行—检查—改进”(Plan-Do-Check-Act,PDCA)循环的模式引入合规业务工作中,创设了业务与管理的双循环模式。这构成了中兴通讯合规建设初期的整个合规管理体系的核心要素,即合理规则的制定、全面无死角的培训、坚决的执行和有效的稽查。

“以管理为导向”的合规管理体系,在企业合规建设初期有着非常明显的优势:能够在短期内集中公司整体的力量,自上而下快速地建立体系,保障实施与穿透。同时,这种以后端管理为导向建立的体系,能够较好地保持整体合规动作的一致性,确保合规管理体系的核心要素落地执行。

但随着合规治理的不断深化,“以管理为导向”的合规管理体系问题逐渐凸显,如在具体实施过程中存在僵化、盲目执行、效率低下等弊端,不能满足实际业务中灵活多样的场景化需求。在实际合规治理过程中,不同的业务活动毕竟存在差异,面临的风险类型也不尽相同,如果适用不加区分的合规管控动作,将难以匹配业务单位的风险分布状况和场景化治理需求。

2020年,中兴通讯首席法务官在面向公司合规部门全员的一封信中提出,随着合规治理进入“深水区”,需要将合规治理中对风险的关注前置,以避免不分场景地僵化遵从规则,逐步从“以管理为导向”的合规体系转变为“以风险为导向”的合规管理体系。

从“以管理为导向”转变为“以风险为导向”的合规管理体系,能够促进企业将风险治理前置以避免僵化遵从规则,也能够保障企业更好地适应不断变化的外部环境,防范风险、稳健经营并实现可持续增长。同时,“以风险为导向”强调风险治理的前移,即将后端合规风险管控升级为前端合规风险治理,只有从业务活动开展的前端就避免重大合规经营风险的产生,才能从根本上改变合规管理疲于风险或危机应对的局面。

“以风险为导向”的合规管理体系,其实是将合规治理从冷冰冰的“遵守”变为与实际经营活动“共情”:启发公司经营者从风险处思索经营,激发公司内部各层级经营者的主观能动性,形成其合规经营的底层逻辑和方法论,在经营活动中“知可为,明不可为”,使合规管理不仅停留在风险的防范和管控上,而且实实在在成为企业经营管理密不可分的部分。通过在业务流程中堵漏建制,合规管理得以撬动企业更深层次、更大范围的企业治理。因此,“以风险为导向”的合规体系建设思路的转变,既推动合规风险治理前移、实现合规治理质的提升,也持续维护公司经营安全、提升企业竞争力。

在“以风险为导向”的合规体系建设方法上,中兴通讯在实践中逐步探索了“以风险为导向”合规体系建设六步法;并根据公司所处的行业特性,在“以风险为导向”的合规体系建设领域中,主要聚焦贸易合规风险、腐败风险及数据合规风险三大领域风险的专项合规治理。

(二)合规风险管控从“有效”到“高效”

目前,中兴通讯已建立起“以风险为导向”的有效合规体系。合规风控从“有效”到“高效”的进阶之路,体现着公司合规治理理念的迭代。合规风控思路离不开“风险—管控—流程—工具”四个维度,具体来说:

1. 具象性合规风险识别是能力基础

不同于“是否会受到外部制裁风险”仅停留在模糊和抽象层面的合规风险认知，中兴通讯在合规风险管控过程中，更加强调内部法律顾问具备具象业务合规风险的识别能力。例如，在出口管制合规领域，具象业务风险应结合业务开展实际对主体、国家或地区、物项和最终用途四要素进行综合判断，才能在不同业务场景下选择更加明确和合适的管控方式。

当前，在面对域外性的法律解读和行业风向捕捉问题上，中兴通讯各合规领域均已基本实现对外部法律法规的机制化的动态追踪及政策解读。中兴通讯为此专门设立了内部法律研究智库，三大合规领域均建立了以风险评估为基础的规则体系，并针对不同业务领域内的各个业务流程所涉及的主要合规风险建立了相应的合规风险矩阵表，确保对所有业务活动潜在合规风险的“应识尽识”。

2. 以风险为导向的合规管控是关键

在具备具象性风险识别能力的基础上，中兴通讯的内部法律顾问在合规管控方面，不仅需要明确合规规则的出处与遵从基线，更需要结合公司不同时期的风险和治理实践，深入了解业务范围内的合规风险，在内部规则中明确哪些是外部法律法规要求，哪些是企业风险偏好选择，哪些是企业基于模糊的法律法规所做的进一步细化管理。

3. 合规管控嵌入业务是必由之路

合规管控需要转换为流程，才能融入公司的业务中。合规风险控制的关键在于，在重要的业务决策节点嵌入合规关键管控点（Key Control Point, KCP），避免产生合规与业务“两张皮”的现象。

中兴通讯基于"金字塔式"的合规规则体系，创立了三级管控体系，即源自法律法规的一级管控要素，到手册二级管控领域，再到实际业务流程中的三级管控点。通过梳理嵌入业务的合规管控点，规避了合规手册因为规则的完整性和语言的复杂性所导致的篇幅冗长和易读性不强的问题，而且将合规管理要求转换成业务管理动作。同时，中兴通讯将合规管控点以业务全景图的方式向公司内部员工呈现，让员工知悉自身业务范围内涉及的合规管控点，以及在这些管控点下需遵循的流程及可能存在的风险。在全景图的基础上，中兴通讯通过数字化、IT化将合规管控点嵌入流程中落地执行，从可能带来合规风险的行为着手进行管控；通过嵌入流程及线上管控，统一规范所有员工的行为，确保其在各自的工作场景中直接执行合规管控动作，实现了统一的合规步调，确保了整体行为合规。

4. 合规工具"产品化"助力增值提效

中兴通讯在合规管控全面嵌入业务流程的基础上，通过工具"产品化"促进合规"低感""无感"，提高业务效率、改善用户体验，在确保规则得到有效执行的基础上进一步实现降本增效。

"工欲善其事，必先利其器"，合规管控也是如此。尤其是在今天的数字化时代，企业很多业务流转都在线上，合规管控也需要适应数字化的要求，跟随业务数字化的节奏。通过不断地复盘和优化，中兴通讯三大合规领域在确保充分理解公司业务规律、准确识别公司业务风险和明晰公司运营战略方针的基础上，经历了从使用线下模板、线上工具到自主设计合规风控自动化系统工具的演变阶段。工具开发和优化的过程，同样也促进了公司对业务的理解。找准关键指标、抓取关键数据，要求将公司业务系统与合规工具串联起来,甚至基于数据指标打造合规仪表盘和合规中台,实现合规风险的动态管制和管理。

以出口管制合规实践为例,2016年开始,中兴通讯尝试探索与某外部咨询公司合作完成公司业务系统与出口管制合规管控自动化系统的集成对接,基本覆盖受制裁国家或地区、受限制主体扫描以及对产品受控程度分析和占比计算等功能。在此基础上,基于中兴通讯下辖子公司多法域法规遵从、信息安全保障、资源投入控制等需求以及使用多重企业管理系统等特性的综合考量,公司法律合规联合数字化团队自主研发设计了全球首款轻量级软件运营服务(Software as a Service, SaaS)数字化合规商业系统——出口合规扫描系统(Export Compliance Screening System, ECSS),实现基于业务开展需求配置全球出口管制法律法规管控等目标,在确保企业合规系统轻量化和灵活性的基础上,提供了全球贸易出口合规"一站式"服务和综合合规解决方案。

同时,中兴通讯也把合规能力嵌入产品和项目中,将其融入公司产品,甚至变为公司产品。企业合规不仅是对业务行为进行约束和规制,如今也内化为企业的品牌力,甚至产品竞争力。例如,中兴通讯的一些产品,在个人信息和隐私保护方面通过了行业权威认证,变成了产品本身的特征及竞争力。

以上,是中兴通讯近些年在合规建设道路上的价值认知总结,以及不同实践阶段的简单回顾。同时我们需要认识到,合规体系的建设不是一蹴而就、一劳永逸的,并不存在能够防止一切问题发生的"完美"的企业合规。一个好的合规体系需要在运行中不断发现问题、解决问题,实现合规管理的螺旋式上升。面对不断变化的外部环境，中兴通讯始终坚持以风险为导向，持续完善合规体系，同时坚决惩治违规现象，通过闭环管理实现问题改进和系统性提升。路漫漫其修远兮，中兴通讯还将继续探索更加低感且高效的合规风险管控之路，打造中兴通讯的合规品牌美誉度。希望各位读者能够通过本书真实了解中兴通讯合规建设的方法论和合规实务，也期待更多同行能够与中兴通讯携手，建立以安全为前提的商业可持续的营商环境，共同实现企业的有质增长，真正践行合规创造价值的终极愿景。

第一章

实现业务与管理双循环的合规方法论

合规体系须与业务及业务管理体系进行有效和高效的融合。一方面，合规管控点嵌入业务流程中，能够实现对业务的合理约束和有效管控，降低或避免系统性风险。通过体系化的建设，能够清理业务存在的堵、漏、痛点，推动业务管理水平提升，完善公司治理。另一方面，企业运作过程中存在的复杂多样的业务流程与业务场景，也有助于合规管理从理论到实践的迭代和进化。

合规体系建设始于合规风险的定义和识别，其基于业务实践，将抽象的法律合规风险转换成具象性的风险，再结合业务流程，合理设计合规关键管控点嵌入业务流程，实现合规风险的有效管控，推动业务治理。同时，通过 IT 系统与数字化工具，实现全方位线上管控，做到记录可查、可追溯，降低人工操作带来的错误和风险,助力高效合规管理。合规文化是合规体系建设中不可或缺的一环,将合规文化与企业文化融为一体,能为长效合规保驾护航。在合规建设中,中兴通讯始终坚持闭环,在业务与管理中持续践行 PDCA,通过业务与管理双循环的实现,带动整体企业治理体系螺旋式上升。

一、合规嵌入业务:KCP 嵌入建立有效管控

(一)合规嵌入业务的必要性

1. 有效合规体系建设是企业行稳致远的重要保障

随着我国经济的快速发展,尤其是"一带一路"倡议的推进,越来越多的企业参与到全球市场竞争中,合规体系的缺失或不完善给企业带来的风险日益凸显。

2021 年,云南省纪委监委发布消息称,昆明钢铁控股有限公司(以下简称昆钢)党委书记、董事长及两名副总经理,因涉嫌严重违纪违法,接受纪律审查和监察调查。同时,接受纪律审查和监察调查的还有 14 人,包括昆钢原总经济师、副总经理,昆钢下属公司的财务总监、采购管理室职工、车间职工等人。相关人员涉嫌作假账、虚开发票、行贿受贿等多项指控。此外,与昆钢有过业务往来的云南山之星实业有限公司(以下简称云南山之星)法定代表人等 12 人,也因涉嫌行贿被留置,配合调查。该案件涉及金额巨大,不仅使企业遭受巨大的经济损失,更导致国有资产流失,对企业

声誉和可持续发展都造成不可估量的影响。涉案人员众多,层级跨度较大,有昆钢现任领导人员,有来自昆钢旗下全资公司、控股公司和参股公司的高管,有中层管理人员,也有普通职工。案件涉及经营决策链条上的各个环节,凸显了昆钢合规体系的系统性风险。如果存在有效高效的合规检测和执行机制,在经营决策链条的关键环节嵌入合规的管控,则能够帮助企业及时发现贿赂风险并采取措施依法合规,从而最大限度地帮助企业避免法律风险。

建立完善的合规管理体系有助于企业合法合规、稳健健康发展。企业应该调整经营策略,完善自身的合规管理体系。根据 ISO 37301:2021《合规管理体系　要求及使用指南》和《中央企业合规管理办法》,企业应建立起严格、规范、实际的合规机制。不仅如此,企业应该加强风险管理,继续推行合规文化,形成一种自我监督的良好秩序,增强企业主动防范风险、亲密服务客户的合规意识和能力,提高企业核心竞争力,推进企业持续稳健发展。

综上,企业要建立切合经营实际、行之有效的合规管理体系,尤其需要解决与现有管理体系融合的问题。毕竟,合规管理无法独立于企业管理之外,必须通过业务嵌入广义的合规制度体系才能充分发挥作用。或者说,只有将合规管理嵌入企业现有的管理秩序,使企业现有制度管理合规化,才能使企业合规管理以最小代价、最高执行率真正落到实处。

2. 合规管理的对象是业务中的具象性风险

合规风险管理是企业合规管理的核心,贯穿企业合规管理的始终。尤其是在全球贸易环境不断变化、国内外合规风险形势日趋严格和复杂、违规事件频发的情况下,如何正确、快速地识别合规风险已成为企业管理合规风险的首要前提。

合规风险主要涉及事件发生的可能性以及不合规的后果。不合规,是指违反企业合规义务。对企业而言,任何不遵循法律、法规、道德行为准则和企业规章制度的经营行为,都会造成一定程度的合规风险。哪些业务活动需要嵌入合规管控,需要依托于企业在生产经营活动中所涉及的具象性合规风险进行判断。

以反贿赂合规为例,合规管理需要应对和解决的都是非常重要和具体的风险问题,需要企业在业务场景和业务活动中进行管理和控制。反贿赂合规,是指企业不能通过行贿等不正当手段获取商业利益,应在经营过程中遵守反贿赂的相关法律及行业标准。企业在日常经营活动中,需要特别注意管理业务流程中的关键风险点,监控和管理相结合,及时发现和解决可能出现的合规问题。例如,在企业的采购过程中,需要建立资质审核和供应商管理机制,在供应商引入阶段就严格把关,预防潜在的合规风险。同时,需要建立事后的检查抽查和持续监督,确保合规管控要求得以有效落地。另外,企业还需要加强员工培训和宣传,以提高员工的反贿赂意识,从而建立良好的企业形象和信誉。

3. 合规嵌入业务是避免形式合规、纸面合规的重要手段

在现代商业运营中,进行商业活动必须建立在规范的法律、法规、政策和商业道德准则之上。前文讲到,合规风险主要涉及事件发生的可能性以及不合规的后果。不合规,是指违反企业合规义务。然而,"合规"并非简单地照搬法律法规的要求,形成一些原则性的要求,而是需要与企业的经

营和管理相融合。否则,合规就是一纸空文,仅仅停留在纸面,不能帮助企业应对合规风险。

葛兰素史克(中国)投资有限公司(GSK)2013 年的行贿案就是一个典型的例子。该公司在招标过程中行贿公职人员,以获取自身的利益,最终收受贿赂的人员被判处刑罚。该公司在国际化经营中没有遵守当地的法律法规从而受到处罚。案件发生后,GSK 在英国伦敦发文声明,承认中国分公司一些高管卷入贿赂案件,GSK 表示,其对此类行为零容忍,将全力支持中国政府根除腐败的决心和行动。虽然 GSK 一再强调对贿赂行为零容忍,但显然其合规管控要求并没能有效地在业务活动中发挥作用,内部人员可以通过管理漏洞实施不法行为。

由此,恰恰说明了合规管理嵌入业务的必要性,如果不能针对企业经营运作的具象性风险设计合规管控手段,并且不断通过检查、监控和风险评估去发现新的漏洞、迭代管控策略,那所谓的"零容忍"终究只是纸面合规。

所以,"合规嵌入业务"是企业避免形式合规和纸面合规的重要手段。合规嵌入业务不是一劳永逸的过程,而是需要通过不断的风险评估、检查监控来实现方式方法的迭代,以确保风险管控的有效、高效和长效。

(二)合规嵌入业务的方法论

企业合规体系建设的根本目的是防范和管控合规风险。GB/T 24353—2009《风险管理原则与实施指南》中界定的风险管理过程包含以下要素:明确环境信息;风险评估(包括风险识别、风险分析与风险评价);风险应对；监督和检查；沟通和记录。“以风险为导向”的合规管理体系，是指企业根据外部具体的法律、法规及规则，结合行业特征、业务性质、规模、经营所在地等特点，梳理出应履行的合规义务，结合合规管控的实际情况持续识别结构性的合规风险，并基于企业的业务场景和业务管理识别具象性合规风险，进而对合规风险进行有序管理。

中兴通讯结合所需要遵从的合规规则及各业务的活动情况，建立“金字塔式”的三级管控合规规则体系，在全球范围内展开风险评估，通过各业务合规风险概率和影响的评估，对业务流程中涉及的合规风险、遵从义务进行准确定义，对业务流程中要求合规管控的遵从度及优先级排序，帮助各级单位实现“以风险为导向”的合规规则遵从，将合规管理要求转换成业务管理动作，并最终聚焦于具体业务流程中的合规管控点的遵守。

1. 准确定义及识别合规义务

合规义务的准确识别是合规风险管理的前提。《中央企业合规管理指引（试行）》第 17 条规定，企业应“建立健全合规管理制度，制定全员普遍遵守的合规行为规范，针对重点领域制定专项合规管理制度，并根据法律法规变化和监管动态，及时将外部有关合规要求转化为内部规章制度”。《中央企业合规管理办法》第 19 条规定：“中央企业应当根据法律法规、监管政策等变化情况，及时对规章制度进行修订完善，对执行落实情况进行检查。”

准确定义企业的“合规义务”，是指企业根据外部具体的法律、法规及规则，结合行业特征、业务性质、规模、经营所在地等特点，梳理出企业在合规管理中所要遵循的法律法规，将合规义务纳入合规政策和员工手册之中,使之成为企业上下一体遵守的行为规则。

中兴通讯建立了多维度的实时外法监控渠道,设立了专门的政策追踪团队在每个工作日对出口管制合规政策进行追踪。除常规的监控渠道外,该团队还会关注时事新闻,当对中兴通讯业务有影响的事件发生时,经部门领导评议后,进一步安排挖掘及追踪相关政策变动详细内容。此外,中兴通讯的全球法律政策研究院也会对全球法律动态进行跟踪,每月向法律合规全员进行推送,其中包含出口管制与制裁、数据保护与网安、知识产权、法律事务等领域。通过实时监控外法法规,分析其对公司业务的影响,维护各合规领域的合规业务清单,美国商务部工业和安全局(Bureau of Industry and Security,BIS)发布的《出口管制条例》(Export Administration Regulations,EAR)的部分合规义务如表1-1所示。

表1-1 EAR合规义务清单示例

合规义务类别介绍	合规义务小类介绍	物项	管制活动	目的地	用途	用户
受限制主体相关合规义务	如果实体清单(EL)主体是交易的最终用户、最终收货人、中间收货人、买方,禁止出口、再出口、转移(国内)受EAR管辖物项	受EAR管辖的物项(有除外规定)	出口、再出口、转移(国内)	—	—	作为交易最终用户、最终收货人、中间收货人、买方的EL主体
受限制主体相关合规义务	禁止出口、再出口、转移(国内)基于符合EAR第734.9(e)(1)(i)条产品范围而受EAR管辖的物项,如果明知或应知该物项用于如下活动: 1. 将被并入,或用于开发、生产EL脚注1主体生产、采购、订购的部件、组件、设	符合EAR第734.9(e)(1)(i)条产品范围而受EAR管辖的物项	出口、再出口、转移(国内)	—	—	1. 将物项并入或用于开发、生产EL脚注1主体生产、采购、订购物项的主体;2. 作为交易最终用户、最终收

续表

合规义务类别介绍	合规义务小类介绍	物项	管制活动	目的地	用途	用户
	备之中； 2.将提供至EL脚注1主体作为最终用户、最终收货人、中间收货人、买方的交易中					货人、中间收货人、买方的EL脚注1主体
受限制主体相关合规义务	禁止让被拒绝清单（DPL）主体参与到受EAR管辖物项的出口、再出口、转移（国内）活动中	受EAR管辖的物项	出口、再出口、转移（国内）	—	—	DPL主体
受限制主体相关合规义务	禁止DPL主体接触受EAR管辖物项	受EAR管辖的物项	—	—	—	DPL主体
受限制主体相关合规义务	如果未经核实清单（UVL）主体是交易的最终用户、最终收货人、中间收货人、买方，则禁止出口、再出口、转移（国内）受EAR管辖并受管控的物项	受EAR管辖的且受控的物项	出口、再出口、转移（国内）	—	—	作为交易最终用户、最终收货人、中间收货人、买方的UVL主体
受限制主体相关合规义务	如果UVL主体是交易的最终用户、最终收货人、中间收货人、买方，则出口、再出口、转移（国内）受EAR管辖但是不受管控的物项，出口商、再出口商、转移方需要获得UVL主体的UVL声明	受EAR管辖的且不受控的物项	出口、再出口、转移（国内）	—	—	作为交易最终用户、最终收货人、中间收货人、买方的UVL主体

2.以风险为抓手，将外法的抽象性风险转化为业务的具象性风险

中兴通讯在确定合规义务的基础上，持续进行风险评估，深入了解企业的经营现状及存在的合规风险，采取分类化和模块化的合规管控动作，

有针对性地进行风险管理。推动风险治理前移,即将后端合规风险管控升级为前端合规风险治理,从业务活动开展的前端避免重大合规经营风险的产生,从根本上改变合规管理疲于风险或危机应对的局面。通过推动规则的场景化、判例化,可以有效推进合规规则与具体业务的深度融合,形成契合业务实际的合规管理体系。正如体检是定期进行的,企业也应按一定周期开展风险评估。一方面,公司经营所处的内外部环境在不断变化,由此引发的合规风险也是动态变化的,因此风险评估并非一劳永逸。另一方面,定期开展风险评估有助于判断风险的扩大或者减少,进而对应调整合规管控动作及其宽严程度,结合合规检查、审计等其他举措,实现持续优化的针对性治理。

(1)抽象合规风险识别

"合规风险"本质为一种不确定性。抽象性合规风险主要是宏观的、概括的、潜在的合规风险。以出口管制合规为例,尚未建立或未完全建立企业合规体系的公司仍存在购买美国物项可能被处罚甚至被制裁、基于EAR的域外效力应尽量减少购买美国物项等认知,此类对于"风险"的模糊性认知属于抽象性合规风险理解层面。企业抽象性合规风险可以通过下发调查问卷的形式进行评估,即通过收集企业基本信息,如环境信息(业务所处的地域、业务关联地域、交易对象)、业务信息(行业、产品范围等)、业务管理信息(合规体系、业务流程体系、IT系统等),结合对应的外法义务清单进行概况的风险识别与评价。

(2)具象性风险转化

具象性合规风险是微观的、纯粹的、现实的合规风险。为了将合规风险的管理嵌入业务流程中,需要将企业的抽象合规风险转化成业务具象化的合规风险。具体来说,就是将可能违背外部法律法规和企业合规义务的风险映射到具体的业务活动,通过在业务活动中设置合规关键管控节点及相应的合规管理要求,管控具象合规风险,从而最终实现对抽象合规风险的管控。

以出口管制合规为例,具象性风险,需要结合业务开展实际对主体、国家或地区、物项和最终用途四要素进行综合判断。比如在营销领域,客户关系管理包含客户数据管理和客户拓展活动,并不涉及具体的物项销售及明确的最终用途,因此不存在物项、最终用途相关的出口管制风险;但在发起签约评审时,因合同信息已经清晰,确定该项目是否涉及"受制裁国家/地区"、"受限制主体"或"受 EAR 管辖的销售物项",对应受 EAR 管辖物项是否获得适当的出口授权,以及合作的最终用户和最终用途信息与原先合同信息是否一致等活动,都可帮助判断出口管制合规风险,同时相应的合规管控嵌入节点也更加明确。把合规义务清单与业务活动大小类以及四要素有机结合起来,准确转化与定位具象性风险,并制定对应的管控措施,可以有效地管控风险。

分析具象性风险,需要从具体业务领域和业务流程入手,分析风险发生的可能性。以出口管制合规风险为例,如果企业将受 EAR 管辖的物项转移到被制裁的国家或地区,那么就违反了 EAR。针对这个风险,具体到业务活动中,如果公司涉及研发、销售、运维、供应链、人事、战略投资等领域,那么在上述领域的业务活动中都存在发生这种风险的可能性,如表 1-2 所示。

表1－2　营销业务出口管制合规风险矩阵

业务流程	主体	国家/地区	物项	最终用途
	客户、最终用户是“受限制主体”	客户、最终用户位于或其总部位于，或注册于“受制裁国家/地区”	不了解所销售物项的出口管制信息； 销售活动中涉及出口、再出口、转移（国内）时无适用的出口授权； 销售、供应、生产、组装、制造、出口、再出口、转移（国内）的受EAR管辖物项（实物、软件、技术）未进行ECCN上网发布	物项最终用途涉及“受限制的最终用途”
销售业务	×	×	×	×
市场营销	×	×	×	×
客户关系管理	√	√	×	×
商机管理	×	×	×	×
竞标管理	√	√	√	√

注：表中“√”表示“涉及”，“×”表示“不涉及”或“风险已由通用性或与销售业务活动有交集的其他领域进行管控”。如在实际业务运作中，有相应风险信号出现需进行重复排查。

表中各业务流程的出口管制风险为“×”的进一步解释：

销售业务：在该业务活动中包含了客户关系管理业务流程，相关出口管制合规风险与客户关系管理一致；

市场营销：在该业务活动中包含了商机管理及竞标管理业务流程，相关出口管制合规风险与商机管理及竞标管理一致；

客户关系管理：在该业务流程中不涉及具体物项销售及明确的最终用途，因此不涉及相关出口管制风险；

商机管理：主体、国家/地区在前端客户关系管理中进行了风险管控，同时，该商机管理阶段不涉及具体物项销售及明确的最终用途，因此不涉及相关出口管制风险。

3. 在业务活动中对具象性风险形成管控方法

对企业的抽象风险和业务具象性风险进行识别和分析之后，就可以确定风险关键管控点。一个风险控制点是不是关键管控点，不仅直接影响该风险能否被科学、合理和有效地予以控制，而且影响后期控制评价和审计阶段的测试工作量，因此控制点的判别标准在设计控制手段、制订控制措施时至关重要。

(1)准确识别 KCP

KCP 是企业风控领域的常用术语，是指一个能够预防和消除风险的影响或将其减少到可接受风险水平的控制措施。聚焦合规管理，KCP 具体是指对业务流程运作过程中出现的合规风险控制起关键作用的评审及检查点，如检查、验证、评审、审核、审批、复核、决策、考核、预算、预警、分析、授权、盘点、不相容职务分离等。具有以下特点的控制活动应列为 KCP：

①为落实指引要求而设立的，对合规实现有重要影响的控制活动；

②控制对外协议或承诺履行风险、控制舞弊风险发生、控制违反业务红线行为发生风险的控制活动；

③影响关键决策，涉及关键单据及文档、对外提供单据及文档、非常规交易的评审或审批的控制活动；

④该控制点可同时控制多条风险，或该控制点对应的风险无其他控制点能够起到规避、防范作用；

⑤业务单位认定的其他直接对控制业务主要风险有重要影响的控制活动。

具体采用以下步骤对某个流程节点是否为风险 KCP 进行判断(见图 1-1)。

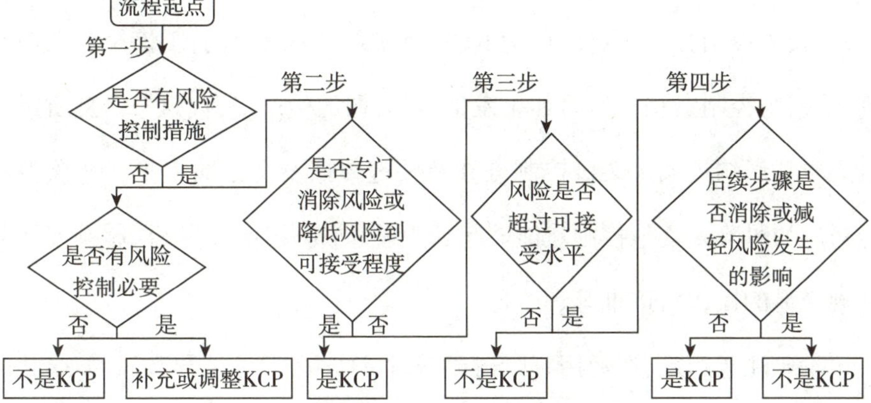

图 1－1　KCP 判定逻辑树

第一步，判断该流程节点是否有风险控制措施？如果“否”，则判断该流程节点对于风险控制是否有必要？如果没有必要，则该流程节点不涉及风险 KCP。如果有必要，则需要对该流程节点进行修改和调整。

第二步，如果经第一步判断后，该流程节点有风险控制措施，那么需判断该流程节点是否有专门用于消除风险因素或者能够将风险因素降低至可接受风险水平？如果“是”，则可确定该流程节点为风险 KCP。如果不能消除或者降低风险因素，则需要进入第三步进行判断。

第三步，判断风险因素的影响后果是否超过可接受水平，或者风险是否增加到不可接受的水平？如果不会超过可接受水平，则该流程节点不是风险 KCP。如果超过，则还要进入第四步进行判断。

第四步，判断后续步骤是否可以消除或者降低风险发生的影响？如果后面步骤不能实现，则该流程节点为风险 KCP；如果后续步骤能消除或降低风险发生的影响，则该流程节点不是风险 KCP。

上述四个步骤，可以对一个风险控制点是否为 KCP 进行科学判断，为进一步增强该判断模型的适用性，在应用上述判断树模型进行风险 KCP 判别时，可以结合以下传统风险 KCP 判别方法一起使用：①该控制点规避高风险，与控制点相关风险如果发生，对公司的生产经营、财务信息质量和合规责任影响重大。②该控制点涉及关键单据及文档的审批。③该控制点对应的风险无其他控制点能够起到规避、防范作用。④该控制点涉及非常规交易的操作与审批等。

需要注意的是，在运用判断树模型时，许多因素可能导致风险 KCP 的错认，具体包括：①没有对风险后果和对该风险后果是否有采取必要措施加以控制进行评估。②在描绘业务流程图和进行风险评估时漏掉一个流程步骤。③未确认所有可能的风险因素。④对风险的等级进行错误划分。⑤必要控制措施没有得到充分发展或实施。⑥错误使用判断树模型。⑦缺乏支持风险等级确认的科学依据。

建立判断控制点属性的模型，能够让企业逻辑化思考、结构化判定风险控制点的类型，结合风险评估的具象性风险清单及业务活动进行 KCP 的设定，从而避免混淆一般控制点和 KCP，帮助企业更有效地分配管理资源，增强风险管控能力。

(2)设置 KCP 管控要求

针对每个 KCP，需要根据风险的具体内容，制订相应的管控方法。以美国出口管制合规为例，其风险涉及主体、国家或地区、物项和最终用途四个要素，针对具体某一个风险点，需要分析其涉及上述要素中的哪些要素，从而设置相应的管控要求。表 1 - 3 是从中兴通讯合规管控体系中提炼出的销售及市场营销领域对四要素风险管控的方法。

表 1-3　营销业务出口管制合规管控方法

要素	出口管制合规风险描述	常见管控方法
主体	客户、项目方、合同中涉及的各主体为受限制主体	进行受限制主体扫描
		进行尽职调查
		嵌入出口管制合规条款
国家或地区	客户、项目方、合同中涉及的各主体位于或其总部位于或注册于“受制裁国家或地区”	进行受制裁国家或地区筛查
	交易物项出口、再出口、转移(国内)至“高风险司法管辖区”	提供最终用户最终用途审查文件
	客户为已知在“受制裁国家或地区”开展业务的客户	
物项	销售、供应、生产、组装、制造、出口、再出口、转移(国内)的受 EAR 管辖物项(实物、软件、技术)未进行 ECCN 上网发布	销售、供应、生产、组装、制造、出口、再出口、转移(国内)之前,确认受 EAR 管辖的物项已完成 ECCN 上网发布
	未获取适当的出口授权而出口、再出口、转移(国内)受 EAR 管辖的物项	出口、再出口、转移(国内)之前,确认受 EAR 管辖的物项已获取适当的出口授权
最终用途	涉及受限制的最终用途	进行尽职调查

(3)将 KCP 管控要求有效落地

将合规 KCP 的合规管控要求有效落地,避免合规和业务“两张皮”,是合规风险得以控制的基础保障。管控要求落地,首先涉及管控方式的确定,是采取线下管控还是线上系统管控,是自动化管控还是人工管控。其次是管控工具的选择,可能涉及风险评估工具、扫描工具、尽职调查工具等。无论是管控方式还是合规工具,都需要结合企业当前业务管理状况、资源状况和经济成本,制订合理有效的合规管控落地方案,从而将合规要求有效嵌入业务,达到润物细无声的效果。

4. 流程贯穿,双向优化合规管理体系

随着企业外部法律法规的变化、内部业务的发展,必然产生新的合规风险,同时业务流程及其管控系统的变化,也会导致僵化不变的合规要求不能与之完全匹配。以下是目前合规管控体系中存在的主要问题:

• 管控措施与风险不匹配:体现在两个方面,一是环境和业务的改变带来的新风险没有被及时识别和管控;二是针对风险降级或概率较低的风险的管控措施过于严格,管控成本高;

• 管控与业务流程不匹配:随着业务流程和 IT 系统的变更,部分业务管理方式已发生变更,导致合规管控要求与业务实际流程不匹配;

• 管控冗余:如同一业务流程对相同的风险在不同阶段多次嵌入管控要求;

• 管控规则不统一:业务场景相似但风险相同的同类业务场景,嵌入管控要求差异较大,管理逻辑混乱。

这些问题存在的原因,主要有以下几方面:

• 未能及时跟踪外部的政策变化和内部新业务的发展,如美国商务部工业与安全局频繁变更的出口管制政策,公司内部政企行业、新能源汽车业务等新的业务类型出现。

• 未能从企业的发展战略与管理提升目标出发,对流程管理及风险控制的进行统筹安排。合规管控的目标是企业或公司整体目标的实现,而不是某一个部门或领域的目标,如果将目标仅局限于小范围内部,势必会与企业战略方向和提升目标不一致,从而造成偏离,同时增加控制成本。

- 风险控制体系未能与流程管理要求协同,也就是流程管理和风险管理"两张皮",这必然导致风险管理不能真正落地,或者落地后不能实现预期的管控目标,从而无法实现管控有效性。

- 业务的高速发展,对管理体系效率也提出了新的要求。比如,纯手工的文档填写势必会导致效率低下,影响业务的开展,数字化的发展为风险管控的实现的高效性提供有效途径,在合规体系的建设的进阶过程中起到决定性作用。

总之,以上各种原因引起了 KCP 的识别不清或管控措施的低效。合规风险管控体系的自我改革、优化不仅直接决定合规风险管控体系的持续有效性,而且影响企业整体目标的实现。所以,持续的风险识别、系统的不断优化升级,是企业风险管理部门的使命和应有职责。

(1)管理驱动,自上而下匹配外部环境变化

合规工作的本质就是由规则牵引企业内部治理,达成对外法律法规遵从状态。优化是在整体规则体系有效运行、有效防范企业系统性风险的基础上,为避免合规规则的僵化执行带来的效率低、协同差等问题,驱动员工从单纯肌肉记忆的规则执行状态到理解合规原则和运行机理,以更有效、高效地适应不断变化的外部环境,助力企业有质量的增长。

主要依托规则审查三原则开展规则优化:

必要性:复盘规则与风险之间的差距,确定哪些规则是冗余的,哪些风险还没有被覆盖,即可增可减的逻辑。

合理性：审视管控要求是否与业务实际相匹配，管控落地是否与业务执行相一致；审视管理成本，即管理成本的大小，是否能够实现效能最优，复盘涉及人员范围、系统管控/人工管控、执行频次等。

有效性：审视所有管控设置是否有效，包括管理有效性和执行有效性。

按照规则优化原则，通过系统性地审视规则“金字塔”体系，从合规政策—原则性规范—流程性规范—KCP，全面梳理管控原则、流程规范和管控 KCP，找到制度中的漏点、堵点和盲点。具体按照如下三步进行：

第一步，梳理合规政策。①外规：梳理外部法律法规；②企业风险偏好：针对合规风险，企业做了哪些前置策略及具体内容，前置策略如风险规避、风险控制、风险承担、风险转移等，具体内容如禁止进行任何涉及“受制裁国家/地区”的业务，即使业务发生地不在“受制裁国家/地区”。

第二步，梳理原则性规范。①合规风险：从合规政策入手梳理合规风险；②管控要求：针对合规风险，对应的原则性管控要求。

第三步，梳理流程性规范。①业务活动：梳理各业务领域涉及的业务活动；②业务活动中合规风险：基于原则性规范，梳理业务活动中涉及的具体合规风险；③业务活动中管控要求：针对业务活动中的合规风险，梳理具体的合规管控要求。

在上述过程中，通过自上而下地梳理检查输入和输出的逻辑关系，发现当前规则体系中存在的问题。

(2)业务驱动，自下而上满足内部业务需求

以风险为导向的合规规则体系通过对合规底层思维的理解和掌握，在自上而下的合规体系建设的基础上，进一步推动自下而上规则的场景化，

从而有效推进合规规则与具体业务的深度融合，形成契合业务实际的合规规则体系。

合规管控体系的有效性，源于业务合规关键人员对管控要求的认可和规范执行。随着业务场景的不断变化和业务管理的深化改革，必然会出现不能与之相匹配的合规要求。业务单位作为合规风险管理的第一责任人，也会成为合规管控无效的首要发现者。通过向业务单位人员收集合规体系优化建议，能够快速且有效识别合规优化点，进而优化流程中的合规KCP，使流程更加符合业务发展需要，更加科学、高效、有序。

从不同视角验证流程和评价流程，分析业务流程中采取合规管控措施的关键节点，按照KCP判断方法对流程中的KCP进行重新识别判断，确定新的KCP，开展流程优化。对于KCP的优化，结合KCP分析结论，可以从清除、简化、整合、自动化四个方面进行考虑。

①清除：对于不是KCP的一般风险管控点，可以进行清除，以确保每项业务实现最大化增值，尽可能减少无效或不增值的活动。各项流程之间要尽可能实现单点接触，避免多头管理，减少多头对接，保证流程的顺畅。清除可以从改变多点接触、避免重复环节、缩短等待时间、减少不必要的步骤等方面入手，不断清除冗余流程，实现高效运作、高水平运转，降低沟通成本，减少等待时间。

②简化：对于KCP的管控方式，要做到简单、规范和明确。随着管理水平的发展，每个流程都有一个从简单到复杂，再到简单的过程。刚开始建立流程时，由于对业务流程不太熟悉，有些流程可能制定得比较简单。在执行过程中，会出现这样或那样的问题。为解决这些问题，需要对流程

进行不断丰富，增加一些必要的环节。但随着业务流程不断成熟，特别是随着内外部环境和形势发生变化，则需要对所有过于复杂的流程进行简化，包括形式上、程序上、沟通渠道上的简化。

通常，对一些正常业务，要变“复杂”为“简单”；对一些例外事件，要变“灰色”为“规范”；在流程执行方面，要变“模糊”为“明确”。明确各个活动负责部门和岗位人员的职责和权限，同时对流程执行过程进行必要的监督和监控，保证流程的贯彻与执行。通过简化，使职责更加明确，程序更加规范，流程更加清晰，沟通更加顺畅。简化的过程是一个不断提高、不断升华的过程。

③整合：流程控制的最终目标是实现企业的整体目标，所以需要从全面管理的角度出发，同步开展多项活动，打破部门间的界限，增加互相沟通的机会，减少多次监督和审核。

对现有流程进行整合，建立相互协调的协作沟通机制，减少部门壁垒，消除沟通障碍，实现多头联动，有助于提高工作效率，减少管理成本，增加经济和社会效益。此外，可以有效减少活动的数量、频率、幅度、范围，使活动更加高效，更加灵活，更加符合工作实际。

中兴通讯法律合规以优化用户体验、提升合规服务、规则匹配新业务、多快好省地实现管控为导向，每年组织合规规则优化工作，从法律法规—公司政策—合规手册—全景指引—流程规范—管控系统各个层面进行全面梳理和优化，使合规管控体系结构更合理，管控要求描述更规范，减少冗余合规管控，降低合规管理成本，提升合规管控效率。

二、合规数字化:数字化工具助力高效管控

(一)通过数字化工具做合规管控的必要性

1. 运营效率提升的要求

如何处理好合规管理与效率提升之间的关系,是增强企业发展活力,提高企业高质量发展的关键。如果合规管理是新常态下企业发展的生命力,效率提升则是企业发展所必需的竞争力。

为了更好地开展合规管理工作,企业需要结合现代化发展的需求,根据企业实际情况,通过流程工具提升合规管控效率,依托数字化、IT 化将合规管控点嵌入流程中落地执行,从可能带来合规风险的行为着手进行管控,使合规风险在整体业务流中处于可收敛状态。

2. 数字化的要求

2021 年 3 月,十三届全国人大四次会议颁布的《中华人民共和国国民经济和社会发展第十四个五年规划和 2035 年远景目标纲要》,明确要求加快建设数字经济。事实上,自"十三五"以来,数字化管理、平台化设计、个性化定制、网络化协同、服务化延伸等融合发展新模式、新业态已然蓬勃发展。在企业的生产经营与管理不断走向数字化、网络化、智能化的背景下,作为企业治理方式的企业合规不可能置身事外。

2022 年,国务院国有资产监督管理委员会发布《中央企业合规管理办法》,自 2022 年 10 月 1 日起施行。《中央企业合规管理办法》中合规数字

化相关要求如下：

(1)加强合规管理信息化建设，结合实际将合规制度、典型案例、合规培训、违规行为记录等纳入信息系统。

(2)定期梳理业务流程，查找合规风险点，运用信息化手段将合规要求和防控措施嵌入流程，针对关键节点加强合规审查，强化过程管控。

(3)加强合规管理信息系统与财务、投资、采购等其他信息系统的互联互通，实现数据共用共享。

(4)利用大数据等技术，加强对重点领域、关键节点的实时动态监测，实现合规风险即时预警、快速处置。

《中央企业合规管理办法》等法律法规强调加强合规数字化建设，要求通过信息化手段优化管理流程，记录和保存相关信息。随着我国企业管理向更高水平迈进，合规数字化建设对企业合规管理的支撑作用将更加突出。因此，必须将企业合规数字化建设作为企业合规管理活动的重要一环，不断优化企业合规管理流程，以过程管控引导结果管控，持续提高企业合规管理有效性和准确性。

(二)中兴通讯合规嵌入业务的方法论

1. 以数字化工具实现系统代替人工，通过 KCP 的 IT 化，实现流程管控线上化

在合规方面，借助数字化转型 IT 支撑，推出行业内领先的出口管制等合规能力的解决方案，打造合规即服务(Compliance as a Service，CaaS)的概念，让业务单位更加安心、让监管更加透明、让公司业务创新更加出色。

合规不再是规则的被动应对，而是深入业务场景的服务力与生产力，合规能力也将成为公司的核心竞争力。

全面推进合规数字化转型，确保主航道的业务流程都能在 IT 系统上流动，如物项的管理，如果从国内生产、国际货运、海外当地运输、上站安装都能清晰地可查、可分析，那么物项的转移风险将大大降低。这需要整个业务流向上各主要的流程都在系统上实现，不能存在断点，一旦存在断点，数据不通，管理不通，也就无法有效监控。所以合规要能到达领先的程度，业务流程的数字化是基础。

中兴通讯在完成业务流程数字化的基础上，为使 KCP 真正嵌入业务、杜绝管控漏洞，实施 KCP 的 IT 化、线上管控，将部分人工控制节点逐步转变为系统控制节点。随着 IT 化管控的实现，通过数据一致性审计核验 KCP 嵌入和相应管控要求的执行情况，为中兴通讯合规治理和资源投入提供客观的决策支撑意见。

实现自动化、信息化、智能化，是企业管理的必然趋势，也是合规体系建设的必然选择。

2. 利用新技术，开发专项合规系统，促进管控优化

中兴通讯数字化转型愿景：对内打造极致云公司，对外践行数字经济筑路者。中兴通讯自 2016 年开启数字化转型之路，依托云网底座、数字星云等，从四个维度推动自身的数字化转型。

(1)数字化办公：支持中兴通讯 7 万多名员工的日常办公，提供全公司 4 万多个云电脑、日均 1 万场音视频会议、10 万个文档在线协同的安全混合办公保障；

(2)数字化研发:研发入云,多地研发在线协同,研发效率提升30%,产品入市周期缩短40%,版本发布周期缩短至天;

(3)数字化制造:用5G制造5G,打造极致滨江,人力资源节省28%,周转率提升27%,装配漏检率降低80%;

(4)数字化运营:七大协同连接客户,实现全程电子交易,端到端合同交易周期缩短15%,按时交付率提升10%。

合规作为专业管理,需要专项合规系统来管理和管控合规事项和风险。中兴通讯以公司整体数字化转型推进合规工具建设,依托云网底座、数字星云等新技术,构建法律及合规管理系统(Legal & Compliance Management, LCM)主体扫描系统、出口管制合规扫描系统(Export Compliance Screen System, ECSS)、Mlink物料可视平台、出口管制分类管理系统(Export Control Classification Number, ECCN)、iLearning合规培训平台等系统,并支持PC端和手机端访问,全方位管控合规风险。

LCM系统是中兴通讯自主研发的受限制主体扫描系统,包括主体扫描、主体批量扫描、合作伙伴管理等功能。

中兴通讯持续通过新技术促进管控优化和提效,以LCM受限制主体扫描为例,当扫描的主体类型为个人且用户录入的姓名为汉字时,系统自动按照扫描要求将其转换成拼音;当扫描的主体类型为组织时,用户在中文名称中输入4个及以上的关键字,系统会自动从天眼查数据中查找出含有这些关键字的组织名称并展示在下拉列表中,当用户选择其中一个时,系统会自动根据天眼查数据填充中文名称、英文名称、城市、详细地址(官方注册地址)。上述技术在保障准确性的同时,提效50%以上,给用户提供更智能、更友好的用户体验。

ECSS 系统是中兴通讯自主研发的全球首款轻量级 SaaS 出口管制商用系统。其实现了系统自动化扫描及结果的可信、可查、可追溯，促进业务效率的提升，支持多法人、个性化定制，适配全球出口管制，提供管制编号分类管理、受控产品的识别和审查、受限制主体扫描、禁运国扫描、禁运国扫描、主数据管理和审计报表等功能。

3. 依托数字化转型，建立合规运营管理平台

企业合规运营管理应着眼于提高企业合规风险实时智能监测和即时预警处置能力。企业合规管理活动的核心是识别、防范和化解合规风险。梳理生产经营活动合规风险，排查企业重大合规风险源，构建更加全面的企业合规数据信息库。不断结合外部法律法规要求和合规实践需要，创新企业合规风险智能监测模型，优化合规风险监测阈值。提高即时快速处置违规事件能力，阻止合规风险蔓延，尽可能减少合规风险事件对企业的不利影响。

中兴通讯通过建立合规运营管理平台，以数据信息整合分析为基础，对法律法规对应合规义务查询系统、合规管理指标可视化系统、合规风险监测系统、合规态势感知系统等进行集成，实现合规智能化。提高企业合规运营管理平台与企业内部其他业务系统互联互通水平，进行刺破式集成，实现合规数字化系统共建、合规数据信息共享、合规风险共治，实现合规风险早发现、早应对、早处置。

4. 加强数字化人才队伍建设，支撑合规数字化转型

数字化时代的易变性、不定性、复杂性与模糊性进一步凸显。传统以

“任务和岗位”为核心的人才管理面临挑战,岗位的边界逐渐模糊、工作任务的明确性显著降低,依赖于人才本身的要求却越来越高。

构筑数字人才高地,加强数字化人才队伍建设,合规管理人才需求从专项迈向融合。为健全培养机制,中兴通讯通过培养“T型”人才(见图1-2),提高其专业的深入性和知识面的可拓展性,支撑合规数字化转型。

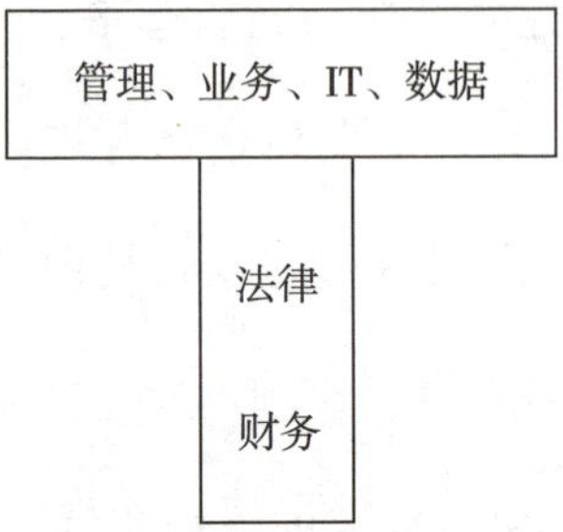

图1-2 企业“T型”人才

“T型”人才包括三类:

(1)数字型人才:除具备本领域业务知识外,还具备数字化思维能力和大数据或AI等技术技能,不断对新产生的业务需求进行数字化,在人才结构中占比最高。

(2)专业型人才:具备该业务领域或职能领域主动研究或驱动解决方案设计或业务目标达成能力的专业人才,是当前已有的核心岗位人才;具备数字化思维,与数字化平台能够良好交互和工作协同,在人才结构中占比居中。

(3)支持型人才:仍需保留的必要人际沟通或事务性执行人才,随着数字化、智能化技术的推进,在人才结构中占比最低。

中兴通讯通过加强企业合规数字化人才队伍建设，建立一支符合数字化要求的复合型企业合规人才队伍，支撑企业合规数字化转型。

三、合规管理闭环：PDCA 循环与文化建设实现长效合规

长效合规管理体系的建立，在管理方法论上离不开闭环管理和持续迭代，在管理理念的渗透上离不开合规文化的灵魂性作用，将合规的价值和理念从上到下、各个层次贯穿到制度建设、组织建设和行为之中。下面将从合规管理的闭环管理与合规文化建设的重要性和思路进行深入剖析。

（一）合规管理闭环的必要性

1. 合规管理闭环的重要性

一个有效的合规管理体系，不在于期待一个永远“不犯错”的体系，而在于自我发现、自我闭环、自我进化。ISO 37301：2021《合规管理体系　要求及使用指南》和 GB/T 35770—2022《合规管理体系　要求及使用指南》对合规管理体系中的“策划（Plan）—执行（Do）—检查（Check）—改进（Act）”进行定义，其中改进部分主要为“持续改进”和“管理不合规”（见图 1－3）。

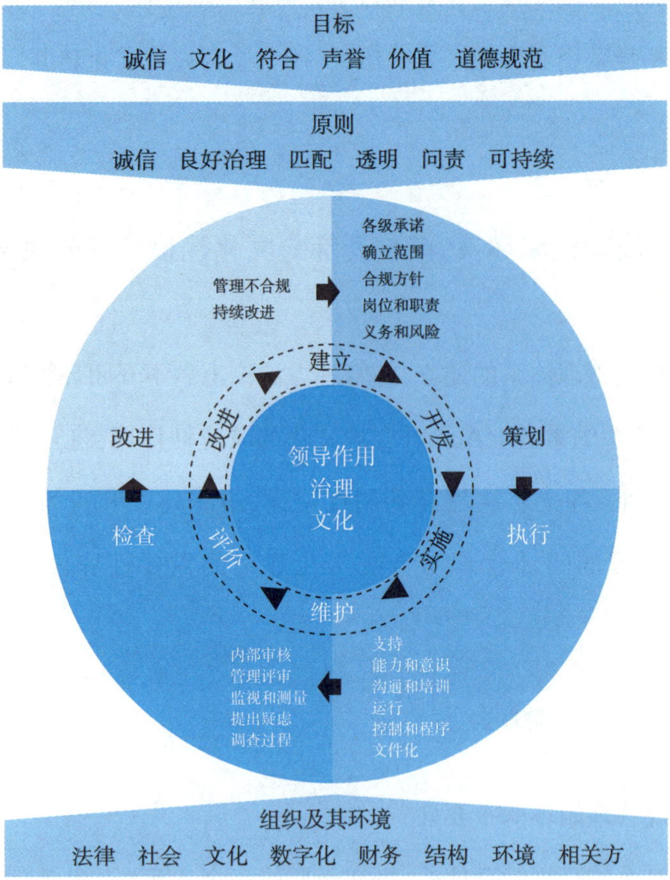

图1－3　合规管理体系要件

不合规事件的发生，并不意味着企业合规管理完全失效。相反，这是合规管理的闭环管理的重要一环。比如，不合规事件的发生可能由于执行过程的“变形”，毕竟“上有政策，下有对策”是政策执行过程中一种十分常见的现象，也只有通过分析不合规事件发生的根本原因并从中吸取教训，才能发现合规管理存在的缺陷和漏洞，调整并优化合规管理体系。

任何管理体系、管理模式都不是一蹴而就、一成不变的。合规管理体系须通过持续改进，帮助公司不断校准，以适应外部环境变化和匹配企业自身的战略及商业模式调整,确立合适的合规管理目标,并为之搭建合规管理框架、制订合规管理计划、明确合规管理绩效指标、开展合规审计。通过闭环管理和 PDCA 循环,合规管理部门能更好地识别合规义务、评估与管控合规风险、推动合规风险整改,推动"三道防线"的建立,促进合规管理体系的完善与适配。

2. 合规管理迭代升级的必要性

如前述 PDCA 于合规管理体系的重要性,通过对 PDCA 循环的运用,合规管理部门可以综合运用"目标—框架—计划—评估—审计—改进—制定新目标"这一"螺旋式上升"的工作模式,促进合规管理体系的自我更新。

就这种做法的必要性而言,一方面,可以更好地满足合规管理成熟度提升的要求。无论在出口管制、反商业贿赂,还是在数据保护合规领域中,通过不断的审计、复盘、研讨、意识与能力提升等形式,确保合规管理体系的"持续改进"或"维持"(Sustain),都是国内外监管机构对于企业合规管理成熟度的重要评价指标之一,也是企业具备高级别合规管理成熟度的主要判定标准。

另一方面,合规管理迭代升级,可以使合规管理部所制定的合规管理目标、计划与框架,尽可能与法律法规、监管要求、行业标准修订更新的步调,以及企业内部制度、业务活动演进的步调保持一致,从而使合规管理的"上层建筑"始终与"监管要求""业务痛点"等实际情况相吻合,从而尽量避免"闭门造车,出门不合辙"的情况发生。

(二)合规管理闭环的实现方式

1. PDCA 在业务循环上的应用

第一,PDCA 中的策划(Plan)环节,包括各级承诺、确立范围、合规方针、岗位和职责、义务和风险五个方面。各级承诺被放在了首位,中兴通讯的实践经验将在合规文化中进行详述。中兴通讯在法律合规专家中心(Center of Expertise,COE)设立专门跟踪和解读法律法规政策和执法案例的团队,并成立法律研究组织作为企业内部智库,通过对法律法规、国家标准和行业标准等进行研判,摸清法规、监管、利益相关方的要求,分析其对公司的潜在影响,确定合规管理体系的边界,进一步分析和识别出公司在合规上的义务,通过风险评估,对规则遵从度和优先级进行排序,从而确定公司内部相应的合规管理目标,相应制定合规方针、工作机制、流程等,并明确各岗位和对应职责。

第二,PDCA 中的执行(Do)环节,是指具体实施上述“策划”环节中所确立的目标、方针、框架的过程。具体实现方式,根据 ISO 37301:2021《合规管理体系　要求及使用指南》,包括支持、能力和意识、沟通和培训、运行、控制和程序、文件化。中兴通讯管理层提供足够的资源和支持,以实施合规管理体系,如对于合规案件的举报线索给予高额奖励,建立公司级合规培训项目和合规能力中心。公司级合规培训,是指在公司层面面向公司全员实施合规培训,将公司合规政策、原则、合规手册、合规分册中的知识内容融于培训课程,并站在学员角度,搭建“1 + 1 + N”(1 个全员意识 + 1 个关键领域 + N 个业务场景)课程体系,将“课程与岗位”关联。同时,搭建包括师资培养、学资开发、课程维护、实施验证等一整套完善的合规培训体系;合规能力中心旨在提升合规从业人员的能力,以绘制合规知识树的形式搭建合规知识库,以员工对应的职责和工作绩效为出发点,通过“教—做—考”循环的方式,创造学习资源和环境支持并影响员工,进而支持业务发展,实现合规专业人员能力提升的闭环。

第三,PDCA 中的检查(Check)环节,主要是在策划执行过程之中或执行之后,检查执行情况是否符合计划的预期结果或效果,包括内部审核、管理评审、监视和测量、提出合规疑虑及调查过程。中兴通讯在集团现有的内控与审计职能外,甚至专门配置了合规稽查部,通过对审计、举报和调查三大职能的建设,形成一套精密运转且嗅觉灵敏的“第三道防线”,行使 PDCA 中的“Check”和“Act”职能。对于提出合规疑虑,中兴通讯建立完善的合规举报制度体系,形成线索登记、线索分类、线索尽职调查、线索立案/关闭的标准化处理流程,宣贯和培训举报途径,举办高管“今日说法”等合规文化活动提升意识、鼓励举报和披露。

第四,PDCA 中的改进(Act)环节,主要是根据审计和审查结果,采取相应的整改、纠正、优化等持续改进措施,优化合规管理体系、方针、流程、程序等。其隐含之义是,把执行过程中总结出的比较成功的经验尽可能纳入公司内部制度以及企业标准中进行固化,将遗留的待解决问题转入下一个 PDCA 循环去解决。正如前文所述,只有持续改进合规管理体系以适应市场、规则和组织的变化,方能有效保障公司可持续的、安全的发展。

2. PDCA 在管理循环上的应用

具体到合规管理领域，可以将 PDCA 相关方法论进行拆解，并运用到合规管理的各个重要环节。

第一，PDCA 中的策划（Plan）环节，落实到合规管理中，即为合规目标的设立、合规框架的搭建，乃至合规计划的制订。合规管理部门往往会从法律法规规定、监管要求、行业标准、道德准则、客户与利益相关方诉求中，抽象、识别出合规义务，并基于领导层合规风险偏好、企业发展战略等因素，设立合理的合规管理目标，并辅助以适当的合规管理框架、合规义务全景图与合规管理计划，予以推动执行。这是 PDCA 循环的第一步，也是合规管理工作的起始点。

第二，PDCA 中的执行（Do）环节，落实到合规管理中，即合规管理的实施。合规管理的实施方式比较多元，既包括合规风险管理（如风险的识别、风险分类分级、风险预防与管控、风险检查与整改、重大合规事件应急处置等动作）的方式，又包括合规制度机制流程的建立健全、合规管控点嵌入业务流程、合规能力培训与意识提升、合规投诉举报渠道的设立等。总之，通过风险管理、制度优化、流程嵌入、培训赋能、投诉举报等诸多方式，企业可以将抽象的合规目标与合规框架在业务、产品、流程中落地，使企业合规义务得以履行并留下相关记录得以举证。

第三，PDCA 中的检查（Check）环节，落实到合规管理中，即合规管理的审计。如果上述计划、执行环节的工作主要由合规管理的“第一、第二道防线”推进，那么检查环节的工作主要由“第三道防线”推进。合规审计主要包括对行为的审计以及对制度的审计，其通过与内审、内控、HR 等部门的通力协同,辅以违规处罚、绩效复盘与制度体系漏洞优化等工具,保障合规目标与计划的达成,以及合规管理体系的自我完善。

第四,PDCA 中的改进(Act)环节,即为合规管理的持续改进。持续改进是合规部门持续对合规制度、流程嵌入、风险管理、应急处置等事项开展复盘审计之后,将比较成功的做法纳入公司合规管理制度、标准中,投入下一轮的应用;针对不成功的、存在风险漏洞的做法提出优化整改要求并进行整改,并将整改后的制度、流程再度投入实际业务中进行验证的过程。通过不断的循环、更新,使合规管理目标随着监管与业务实际情况进行修正,合规管理制度、流程不断适应监管最新要求与业务最新诉求。

(三)合规文化对企业合规管理体系建设的重要意义

1. 确保企业稳健运行的内生需求

合规文化是企业文化的重要组成部分,是实施合规风险管理的基础和载体,决定了企业各部门面对合规风险的价值取向、行为规范和道德标准,对企业合规风险管控起到至关重要的作用。全球化时代,企业遭遇的风险已经不仅限于传统的商业风险,还面临地缘政治风险、社会责任风险、环境责任风险以及合规风险等大量非传统的风险,其中合规风险是企业面临的一项核心风险。近年来,中国企业走向世界过程中所面临的风险恰恰证明了这一点。遭遇传统商业风险使企业经营陷入困境,往往还可以拖延几年而不垮,甚至还有机会改善经营转亏为盈,但一个企业如果涉及严重违规,往往会一朝覆亡。

合规文化建设是完善企业自身管理体系的内在要求,也是防范违规风险的基本前提,是每一个公司合规建设的必由之路,也是保障自身利益的有力武器。如果企业上下缺乏合规文化层面的认同,那么再完善的规章制度也仅仅是一纸空壳,难以实现真正有效的合规风险管控。

2. 强化规则有效执行的核心所在

合规首先要有规,即制定规则,然后要按照规则行事,即“合规”。广义的合规涉及企业业务的方方面面和业务流程的各个环节,包括产品质量、生产安全、环境标准、社会责任标准等。企业需要从合规角度梳理业务各方面和业务流程各环节,考察相关规定是否健全和完善,特别是人们的行为是否符合规定,即这些规定是否得到执行。因为合规的核心或侧重点在于“规”是否“合”。通过这样的梳理和整合,事实上完成对企业管理体系的再造与提升。

而企业单纯通过制度规范,很难做到十全十美的合规。即使当时制度完善,但随着时间的迁移及企业经营环境的变化,也会使原先的制度体系出现新的问题。拥有良好合规文化的企业,其员工不仅不会想尽办法钻营企业制度的漏洞,反而还会帮助企业发现并治理漏洞,从而抵御严峻的合规风险。因此,持续不断地强化企业合规体系建设,必将使企业的文化得到重构,形成良好的合规文化。

3. 保障员工切身利益的有力武器

员工与企业的关系不是狭隘的、简单的“雇佣与被雇佣”的关系,而是“风雨同舟、沧海共济”的关系,是“利益共享、风险同担”的双赢、共好的关系。在公司合规文化建设过程中,更能体现这一点。如果公司无法做到合规经营,作出违反商业规则或道德的行为,就会潜藏巨大的法律风险和经济风险,一旦违法违规行为被发现,这种风险会立即转为现实的法律责任和经济损失,甚至被政府机关或者司法机构勒令关停。基于“水漾理论”,政府机关或者司法机关对企业追究的刑事、民事或者行政责任一定会以某种形式被转嫁传导至员工本身,从而损害大量员工的利益。比如,一个企业因为违法行为被吊销营业执照或者被关停,那么该企业的员工就可能面临降薪、停职乃至失业的风险和现实压力。

合规文化建设致力于促进员工自觉自愿地建设企业合规,通过建构科学的合规体系并培养合规的意识,有助于员工养成合规化的习惯,避免违规风险。同时,在制度层面,向广大员工普及合规管理的相关条例,有利于让员工自觉自律地避免违规操作。企业自上而下的合规文化认同,还可以帮助企业对违法违规的行为进行预防或者及时纠正,实现群防群治、互相监督,防止因为短期利益或侥幸心理走向法律的对立面而导致惩罚并殃及企业员工的情况,从而间接地保护了员工的根本利益。

4. 捍卫企业核心价值观的关键保障

企业合规文化之所以重要,是因为遵从合规文化亦代表着守规则、有底线、讲诚信的企业外部形象。随着我国企业“走出去”,遭遇合规风险的案例也越来越多:有的银行在国外涉及洗钱而被查处,有的企业涉及行贿而被调查,有的企业因为违反出口管制规定而被罚款,有的企业因为违反采购指南而被世界银行处罚。推进“一带一路”倡议,需要有大批中国企业参与。但是在“一带一路”沿线数十个国家中,难免有些国家存在法制环境不佳,中国企业面临大量合规风险。在这种情况下,中国企业所呈现的合规文化,是走向世界、与外部建立互信的基础。走向世界的中国企业不仅给世界带去资金、技术、产品和服务，还将给世界带去合规企业的新风貌和合规的竞争规则。

推进企业合规文化建设，可以提高国际营商能力。合规不能仅仅停留在制度体系的完善，更需要企业自上而下的深度文化认同。合规是涉外企业参与国际市场竞争的必要条件和核心竞争力。一方面，守规则、有底线、讲诚信的合规文化可以帮助企业取得国内外政府的信任，从而享受全球运营的便利条件；另一方面，企业自上而下的合规文化认同能够减少贸易摩擦对企业造成的系统性风险，确保企业供应链的稳定安全。

（四）合规文化的内涵及建设思路

合规文化建设是一项兼具长期性和系统性的工程，具有降低合规风险、塑造良好企业形象、助力企业可持续发展等作用。合规文化是企业文化建设中不可或缺的重要组成部分，为了推进企业内部各项管理动作有序运行，实现安全前提下的商业可持续发展，企业需要围绕其经营范围、发展阶段、业务特点、运营模式、企业文化、员工构成、合作伙伴等多方面因素，因地制宜建设与本企业基因相一致的合规文化，从而更好推动企业防范风险、稳健运营。

谈到如何建设企业的合规文化，就必须先剖析一下企业文化的内涵和理解。企业文化的三个层次理论最早由埃德加·沙因（Edgar H. Schein）在《企业文化生存与变革指南》中提出，我们在理解企业文化内涵时，可能面临的最大危险是将文化想得过于简单。比如，提到企业文化，人们很容易想到的就是“我们企业中的做事方式”“我们内部的工作氛围”“奖酬体系”等内容。这些都是企业文化的人工饰物,但是就企业文化的实质来看,这些都称不上真正的企业文化。理解企业文化内涵的一种更好方式就是,我们要意识到企业文化存在于不同的层次上,并且我们必须更好地理解和管理那些较深层次的文化内容,如图1-4所示。企业文化的层次逐渐由外在可视水平向内隐不可视水平过渡。[①]

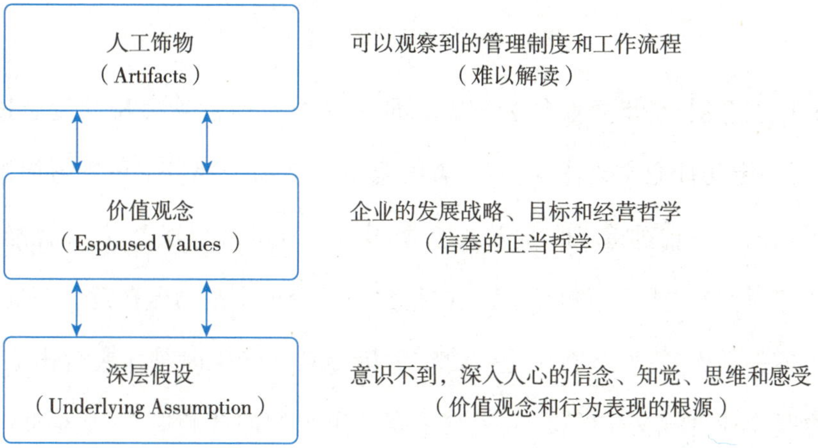

图1-4 企业文化的三个层次

在对上述三个文化层次的理解基础上,深入剖析企业文化洋葱模型[②]中提到的理念层、制度层、行为层、物质层的内涵和表现形式,企业合规文化建设如何有效融入合规管理体系建设中,具体可以从图1-5中的五个层次展开。

① 参见[美]埃德加·沙因:《企业文化生存与变革指南》,马红宇、唐汉瑛等译,浙江人民出版社2017年版,第25页。

② 参见杨杜:《杨杜说〈企业文化的洋葱模型〉》,载搜狐网2019年10月29日,http:https://www.sohu.com/a/350258391_809226。

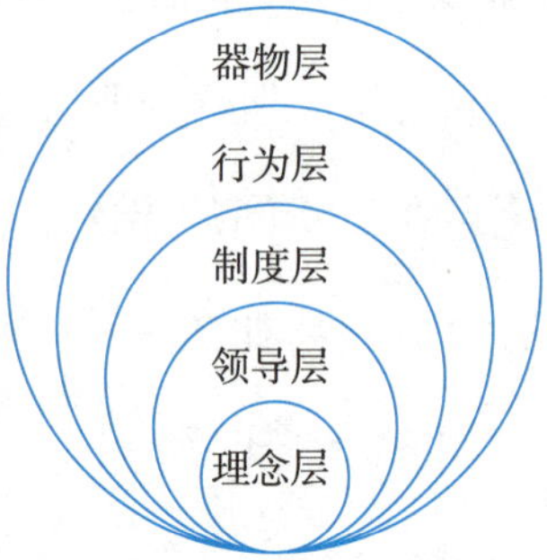

图1－5 合规文化的五个层次

1. 理念层，是指企业的管理者和员工在企业经营管理长期发展过程中，受一定的社会文化背景、经营者的意识形态和干部员工思维习惯影响而形成的一种精神追求和意识观念，如共同信守的思想观念、价值标准、道德规范、行为方式等精神因素，其中很大一部分理念是隐藏在意识深处的，是不容易被察觉的，是在压力、激情、危机等某些特殊时刻才表现出来的。理念是企业合规文化的核心，反映了企业组织的信仰和追求，是企业的灵魂，是形成制度文化、行为文化和物质文化的思想基础。中兴通讯的战略定位中，合规、人才和内控并举列为公司战略的三大基石，体现了合规对于企业发展的重要作用。另外，合规文化深刻嵌入企业文化，融入企业基因，成为员工在日常工作中一致的行为准则和价值观，从而可以依靠原则指引企业做出正确的价值判断，依靠文化信念带领企业适应内外环境变化，使企业发展行稳致远。

2. 领导层，是指企业管理层在合规体系建设中所传递出的坚定决心，并以身作则、言行一致为公司员工树立正面榜样，用自己的行动带动公司员工的合规意识提升。2021年4月28日，商务部公告2021年第10号《商务部关于两用物项出口经营者建立出口管制内部合规机制的指导意见》

及其所附的《两用物项出口管制内部合规指南》要素一"拟定政策声明"中的实施要点之高层主导指出："企业主要负责人是出口管制合规第一责任人……企业的中高层管理人员应带头践行合规政策。"由此可以看出，管理层作为企业运行的"大脑"，决定了合规"血液"是否可以真正根植和融入企业的各个"躯干"。管理层的合规声音和合规指示可以自上而下地统一全公司的合规认知，推动合规资源投入和体系有效协同；持续的合规规则阐释与合规政策理念传达，可减少合规执行的衰减，进而实现有效合规管理运作体系下的商业可持续。在实践层面，中兴通讯从制度和流程层面进行定义和规范，制定高管和中层合规行为准则和行为指引，每年由董事长和总裁签发管理层承诺声明和政策，并面向全体员工发送年度合规寄语，明确和强调公司的合规红线、描述合规的使命和愿景、解读合规方针；高管签署合规责任状，作为业务单位合规管理的第一负责人，明确合规方面的义务和职责；举办多形式的合规文化活动，如由高管全程授课的合规大讲堂、高管向下访谈、高管合规检查，在公司内部传递高管声音、公开支持合规、明确合规要求。

3. 制度层，是指企业对经营管理活动中出现的各种风险进行预防和控制的一整套制度安排，即企业用于规范合规风险管理的各类规章制度。企业合规文化就蕴含在其制度、标准运作程序(Standard Operating Procedure, SOP)之中。企业内部可以搭建"金字塔"三级结构的合规规则体系，有效将外部的法律法规结合公司经营的风险偏好转译成内部的合规管理规范，搭建从政策、手册到合规管控全景的规则体系，三者之间层层递进、相互援引，保证规则各位阶的一致性，从而确保规则的可实施、可执行、可落地。

时代在进步,企业在发展,外部环境变化不断对规则体系建设提出新需求,企业规则体系必须与时俱进并加以优化和完善。“法非从天下,非从地出,发于人间,合乎人心而已。”在企业规则体系建设中,需要增强规则的适用性和可操作性,并使用数字化工具提升合规管控效率。由此,将企业合规文化融入制度、规则、流程体系建设中,适应企业的高质量发展。除了上述在管理层方面的制度要求,还需有提升员工意识和能力方面的制度,如建立完善的合规培训体系,并通过审计、检查、举报等闭环管理的手段,对违规行为严格查处,做到零容忍,让员工认识到公司违规必究的决心。

4. 行为层。“天下之事,不难于立法,而难于法之必行。”企业应通过规范标准行为、宣扬标杆行为和稽查违规违法行为等方式守护企业合规行为价值,推动“法之必行”。在规范标准行为方面,企业应当规范员工的合规行为,明确公司合规红线,为其所应为,不为其所不可为。对新员工进行合规理念、合规制度的赋能,令其对企业合规文化产生认同感、归属感,进而约束自身的行为。对在岗员工进行有针对性的赋能,不断更新合规学习计划,进行学习效果验证,营造说合规、学合规的氛围。此外,抓企业合规,也就是抓企业管理,企业对管理层应有更高的要求,要全面压实干部的管理责任,做到“业务谁主管,合规谁负责”。在宣扬标杆行为方面,企业还要讲好榜样的故事,用好榜样的力量,借助专题文化活动倡导、传播榜样的示范行为。企业可通过合规文化大使选任、合规行为标兵评选、最佳合规实践案例评选、优秀合规工具开发大赛等活动,从“人、事、物”三位一体不断激发员工的参与感和荣誉感,使每个人从“旁观者”转变为“参与者”,进而成为“引领者”。在稽查违规违法行为方面,首先,企业要进行合规举报文化建设,鼓励员工讲完整真话,形成全员参与、全员监督的氛围,通过合规举报吹响守护公司合规价值的“哨子”。其次,企业要加大合规稽查、执法的力度,发现合规问题与风险漏洞,验证合规规则体系有效性,确保合规闭环,动态螺旋上升。入职时让员工签署合规承诺,并每年结合新情况、新要求对管理层承诺内容进行更新并完成全员签署,让员工与企业之间订立合规遵从的契约,强化员工的合规遵从意识;在每一个岗位的绩效考核中,让合规成为每位员工的日常行为准则;对于违规行为,通过检查、审计、举报等手段做到对违反合规红线的行为“零容忍”,违规必究,从而让员工形成不能、不敢、不想的规则遵从肌肉记忆。

5. 器物层。合规文化建设不仅要“入眼、入脑”,更要“入手、入心”,实现“知、行、信”三段历程的进阶。从合规文化自上而下的鼓吹、发声,转变为自下而上的自然自觉的共情与遵从,将“要我做”转变为“我要做”,让企业员工内驱地认同合规文化并付诸行动,这就要求企业在承载文化的器物上花些功夫。在内容方面,企业要用与实际业务贴合的惯常通识去讲述合规,避免法言法语,通过生动有趣的语言令员工接触、理解合规,进而遵从合规。一个好的合规宣导材料应当能够提升员工体验感,要善于用最通俗、简单的语言,讲富有逻辑、细节的故事和段子,制造合规文化的亮点、炸点、爆点。企业还应该树立“服务大于管理”的意识,在建立认知共识的基础上,做好洞察,解决员工的迫切问题,做专业、专项、专岗的宣导。在形式方面,企业也可以采用当下自媒体喜闻乐见的新方法来“玩合规”。例如,将合规场景化指引绘制成漫画,将合规规则要求拍摄成短视频,打造合规IP形象,甚至是歌曲、RAP改编。实践证明,视听讯息对大脑的刺激比单纯的文字令人记忆深刻,更易形成传播点。据此,企业可从流量思维出发,探索器物的新形式。在渠道方面,渠道作为合规文化的放大镜,发挥着至关重要的作用。企业要善用内部渠道,如邮件、内部即时通信工具,将合规文化宣导物料进行精准投放,在企业内部造话题、造势。此外,也可利用企业对外的窗口进行传导,如公众号、视频号,树立企业道德遵从形象。内外共振,形成长久回响。

第二章

健全模块顺畅运作的合规管理体系

管理体系是组织用于建立方针、目标及实现目标的过程的相互关联和作用的一组要素，往往具象表现为企业组织制度和管理制度的集合，是发挥管理作用的重要抓手。合规作为企业内部的管理域之一，需要通过特定机制和规则的搭建发挥风险控制作用。ISO 37301：2021《合规管理体系 要求及使用指南》就规定了组织建立、运行、维护和改进合规管理体系的要求。

中兴通讯的合规管理体系是集团合规风险控制的根本保障，模块健全且运作顺畅的合规管理体系保障了中兴通讯的业务可持续性，也让系统性风险降到最低。从2018年开始，在新一任管理层的领导下，公司对过往的合规管理成果进行全新梳理，在公司战略“恢复期”阶段开始了合规管理体系的优化升级，经过近 5 年的建设和优化，业已形成一套组织健全、运作成熟和久经考验的合规管理体系，且得到国内主管机构、专业学者和同行友商的一致认可。

尽管在不同领域的专项合规计划中，合规管理体系所必备的要素或模块略有差异，但组织、运行和监督仍然是各企业公认的重要机制，中兴通讯对于这些领域有自己的独到经验。

一、合规管理组织：职责明确的风险控制“三道防线”

组织是人的集合，组织目标也需要人来制订和实现，因此合规管理体系的第一步应当是集合一批合规专业人员。职能健全的合规管理组织可以充分发挥各角色功能，系统地实现合规风险控制职能。

（一）组织架构

经过近几年的发展迭代，中兴通讯已逐步形成职能健全、运作高效的合规组织。在考虑合规组织架构的层级和组织形式时，公司高瞻远瞩地投入了远超行业同行的资源配置，不仅划拨专项资金维持超过 400 人的专项法律合规团队，更是将法律合规职能定位为独立的业务单位（Business Unit，BU）层级。公司的法律合规部门告别以往层级低、不受重视的历史，不仅列席关键的经营管理会议，更是可以直接向公司高级管理层呈递意见、对特定交易行使一票否决权。

结合中兴通讯集团庞大的组织规模和层级分明的架构形式，公司的法律合规部门也审时度势地采取了与公司业务、决策组织形式相匹配的总分结合的组织设置模式。同时，通过合规管理委员会、专家中心、BU 合规和合规联络人等不同层级的角色设置，确保集团合规管理既能够统御全局、又能够深入毛细血管。除此之外，公司还建立并维护了企业内部法律智库，打破了在政策理解上对外部咨询顾问的依赖。

1. 总分结合的组织设置

合规作为与内控、法务、财务、信息安全等类似的风险控制职能，其组织设置需要顺应企业业务单位组织形式，而鉴于大多数企业都遵循“伞状”的组织结构，总分结合的合规组织方式最受到企业的欢迎。坐镇总部的合规组织负责整体的资源协调和政策制定，深入业务分支的合规组织负责合规管控要求的落地，二者互相配合，确保合规政策和计划通过层层拆解得以执行。

中兴通讯当前的合规组织即采用总分结合的方式，确保合规管控要求能够深入业务一线，既“阳春白雪”也“下里巴人”。目前，中兴通讯在集团的主体公司——中兴通讯股份有限公司设置了全套的合规组织，包含决策层（董事会下设的合规管理委员会）、政策层（各合规领域专家中心）、执行层（BU 合规团队和子公司）。同时，中兴通讯在各子公司设置了对应的合规职能，要求其设置合规负责人（合规总监或合规副总）、出口合规联络人（Export Compliance Point of Contacts，ECPOC），鼓励其投入资源建设自己的合规职能。此外，为了统筹决策合规事项，绝大多数子公司均设立了合规管理委员会。（见图 2－1）

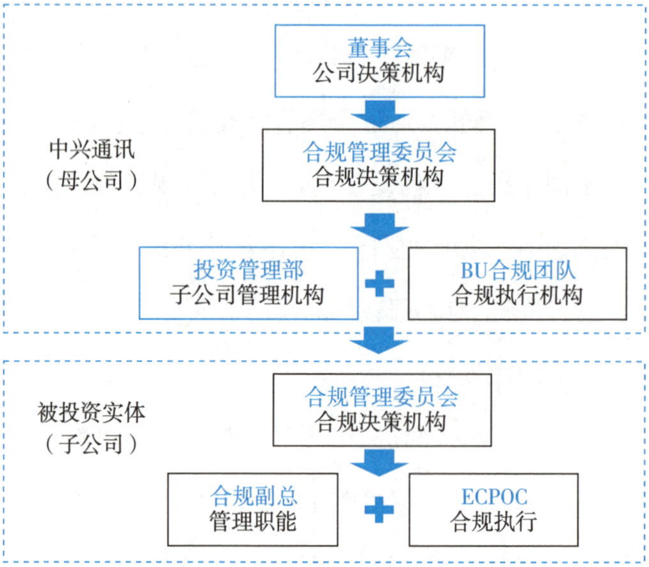

图 2－1　母子公司合规组织关系

2. 统领全局的合规管理委员会

“合规管理委员会”是中兴通讯负责合规管理体系运作与合规事项决策的专门职能机构，向下统领公司各合规管理领域和各层级的合规管理组织。（见图 2－2）

不难看出，合规管理委员会根据公司董事会决议设立，向董事会汇报工作，其主要职责包括：(1) 制定公司合规管理工作目标；(2) 评估公司运营过程中的合规风险并审批解决方案；(3) 审批公司合规体系建设工作规划与合规资源配置需求；(4) 审批与公司合规活动相关的报告；(5) 审批公司合规政策及具体制度文件；(6) 监督公司合规政策及具体制度的落实情况；(7) 公司董事会授予的其他职责。

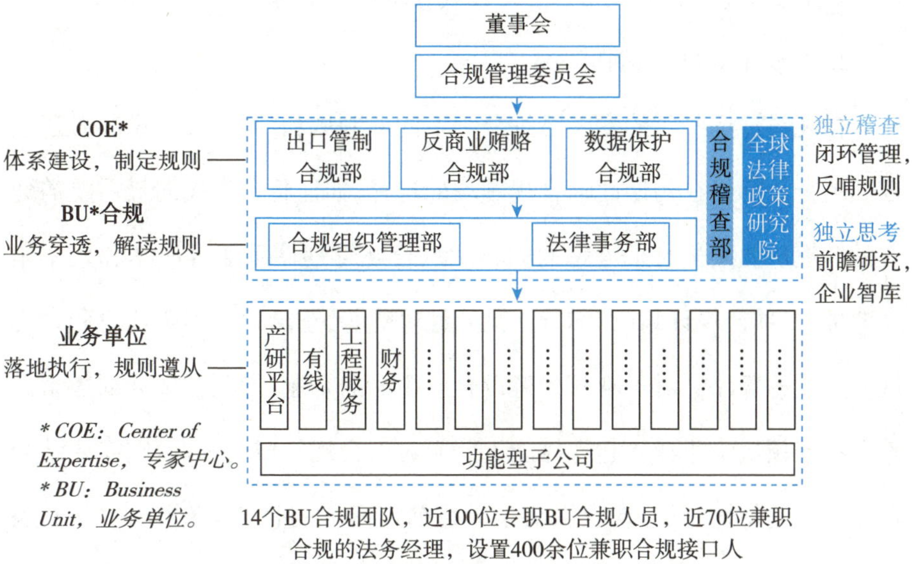

图 2－2　集团整体合规组织架构

考虑合规管理委员会的合规事项最高决策机构的定位，以及对公司整体合规工作管理的需要，合规管理委员会由公司总裁担任主任，全体高级副总裁及以上人员担任委员。这样的成员配置，决定了其拥有做出公司整体合规管理决策的权限，同时成员负有督促所辖领域执行公司合规管理要求的责任。

合规管理委员会会议每季度召开一次，亦可按需要召集临时会议，休会期由合规管理委员会秘书处统揽委员会工作。合规管理委员会季度会议前，秘书处向公司内各合规管理单位征集会议议题，形成决策议案交委员审议和会上决策。在休会期间，秘书处组织合规专家中心开发并讲授高级管理层合规课程，以持续不断地提升合规管理委员会委员的合规意识、专业知识和履职能力，促进其正确和积极行使委员权利义务。在合规管理委员会召集范围内，委员还会定期收到公司合规案件调查进展、体系建设进展等重要信息，以便形成对公司合规管理的全局性认知。

3. 领域齐全的专家中心

合规经过近些年的发展已细分为不同的领域和门类，每一家决心建设合规的企业都会在初期面临合规领域的选择，如何将资源投向最需要的地方是合规从业人员必须考虑的问题。从合规管理体系建设成本和效率角度考量，专项合规计划以针对性、高效性等优势，正日益受到企业主和合规从业人员的青睐。对于刚开始建设合规职能的企业，专项合规计划能帮助其在特定领域快速建立起管控能力。而对于合规领域的选择，则需要结合企业的行业特性、风险现状来决定。目前市面上的企业，有如沃尔玛开展的“大而全”的合规项目，覆盖集团旗下17类专项合规；也有如空中客车公司开展的“小而美”的合规项目，覆盖集团最为突出的反商业贿赂、出口管制等领域。

中兴通讯在对自身所处的通信领域、制造行业属性进行了综合研判后，最终选择了出口管制合规、反商业贿赂合规和数据保护合规作为当前集中法律合规专业部门资源开展的专项合规计划。经过近5年的发展，目前三大领域合规对集团合规风险治理发挥了重大作用。而为了支撑三大领域的合规体系建设，中兴通讯专门成立了三大合规部门：出口管制合规部（Export Control Compliance Department，ECC）、反商业贿赂合规部（Anti-Commercial Bribery Compliance Department，ABAC）和数据保护合规部（Data Protection Compliance Department，DPC），以合规专家中心的身份牵头各自领域的风险控制体系建设工作，致力于将合规管控要求在企业“本地化”。为了支持业务的高质量发展，各专家中心十分注重人才的储备，积极从名校毕业生、“四大”会计师事务所的审计师、顶尖律所的专职律师等群体遴选人才。截至2023年年初，三大合规领域合计形成了近100人的专家中心队伍。

4.“专”“业”兼备的BU合规组织

为了弥补传统企业在推行合规管控时面临的合规与业务的鸿沟，让合规规则真正把握业务痛点、落到业务实处，中兴通讯创造性地设立了专门的“BU合规”职能，通过从一线业务单位招募对业务流程条线熟悉的人员组成合规组织管理部（Compliance Organization Management Department，COMD），充当合规专家中心和业务单位之间的“润滑剂”。

合规组织管理部在整体的合规工作流程中居于中间，对上承接COE部门的政策和任务、对下接收业务单位的咨询和上报。业务单位合规团队按照公司业务单位的划分，也对应形成了14个子团队，来分别对接公司各业务领域的业务人员和需求。（见图2－3）

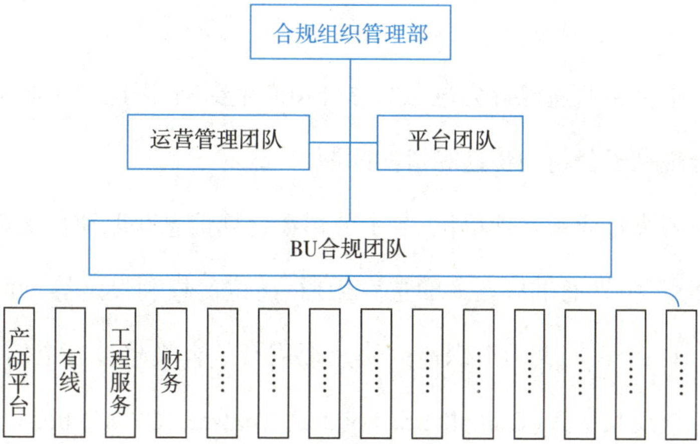

图2－3　合规组织管理部架构

BU合规团队与COE部门的最大差异在于，其成员是一群在业务单位深耕多年、对业务流程了如指掌的骨干员工,对公司现有的生产、物流、财务、商务、销售、工程服务、交付等流程有着深入了解,能够更加基于经验视角识别合规管控点需要打到的“七寸”,也更能够平衡管控要求与管理成本之间的矛盾,让合规部门与业务部门之间的关系得以调和,从根本上解决这一困扰业内从业人员多年的顽疾。BU 合规职能人员在加入合规大家庭后,能够快速掌握合规管控的原理和要求,并依据其对业务流程和人员的熟悉,促进合规管控快速落到实处。同时,BU 合规的存在也一定程度上缓解了原有 COE 部门为人诟病的“待在象牙塔”的问题,能够将一线的困扰问题及时报告给 COE 部门,实现自下而上的反馈优化。

5. 根植业务的合规联络人

在合规体系建设的过程中,中兴通讯发现总分结构的合规组织架构存在“总部合规意识强于子公司”的现象,且总部的合规规则比子公司更完善,总部的政策落地执行比子公司更彻底。这是信息在从高层向底层、从国内向海外、从总部向分支传递的过程中存在的客观衰减现象。由于子公司在经营中存在的违规行为也会对总公司产生影响,因此中兴通讯决心定向补强合规在子公司的传递和落实问题。

为了解决各业务管理单位、各子公司在合规信息获取和合规规则嵌入方面的痛点,中兴通讯从人才的选育用留、岗位责权利设定等方面综合考量,寻找到一个在庞大的组织体内快速形成有效合规建设通道的方法,最终设置了合规联络人(Compliance Point of Contact, CPOC)机制。为了保证合规任务切实落地,各管理单位、各子公司均需要按照专业合规团队、所在实体及业务单位的要求,设置一名身处该单位的合规联络人,由其负责合规规则、标准和指引的传递及有关任务的执行。

合规联络人的具体职责包括五大模块：掌握合规知识、传递合规规则、执行合规任务、上报合规问题、合规咨询应答。其具体要求为：第一，合规联络人应掌握基础的出口管制合规知识，包括学习全员合规课程、合规联络人岗位应知应会的课程，并通过考试。第二，合规联络人需要按照专业合规团队、所在管理单位的要求，负责合规联络人所在管理单位的出口管制红线、合规手册、合规指引的传递。第三，合规联络人应按照专业合规团队、所在管理单位的要求，负责其所在管理单位合规相关任务的执行，了解所在业务单位或实体的职能、架构、运营及业务流程，参加所在业务单位或实体的管理会议。第四，合规联络人应负责将所在管理单位需上升决策的合规问题，上升至专业合规团队处理。第五，合规联络人应在专业合规团队的支撑和协助下，对所在管理单位内的合规问题，做出咨询应答。

鉴于不同管理单位及子公司的情况复杂多样，中兴通讯对合规联络人的人员选择也设定了一定的标准和门槛。首先，基于中兴通讯合规政策、手册的要求，中兴通讯各三层[①]业务单位、各子公司（含非法人机构[②]）均需选任一名合规联络人，且该合规联络人原则上应实际在该组织场所内办公。其次，合规联络人的候选人由业务单位或各子公司（含非法人机构）决定，业务单位或各子公司（含非法人机构）所选定的合规联络人应熟悉所在单位的业务情况；不熟悉所在单位业务情况的员工或需要额外培训才能了解和熟悉所在单位业务情况的员工，不宜担任合规联络人。最后，为

① 中兴通讯采用事业部制组织结构将内部组织划分为不同层级，三层单位大致相当于事业部（BU）向下一层的功能部门。

② 指分公司、代表处、办事处等非独立法人实体身份的分支机组。

了确保合规联络人的能力素质和责任心，总部规定，对于没有设置合规联络人的业务单位或子公司（含非法人机构），默认合规联络人由该业务单位的主管干部、该子公司（含非法人机构）的总经理担任，以此来确保管理干部对合规联络人“授权不授责”，压实管理干部对合规的第一责任。

2019 年，中兴通讯正式出台了内部的合规联络人实施细则并任命了第一批合规联络人。后续该制度持续运作和优化，增加了合规联络人的认证，对合规联络人在所在实体担任一种实质的合规专家的角色增加了更多的要求。此机制在承接大量合规任务、规则变动的传递、合规风险信号的上升方面发挥了巨大作用，部分合规联络人的表现得到了内外部和第三方的好评。在合规联络人的推动下，子公司在合规任务的承接和合规建设方面也得到了提升，做到了与总部步调一致。

6. 独立前瞻的智库支撑组织

法律是动态发展变化的，企业作为守法主体需要及时了解法律政策的变化情况，以便调整自身业务活动和风险偏好，避免无意识地违反法律要求。同时，考虑到法律的宽泛属性，其与具体个体的关联性和适用性需要经过法律解释来实现，因此对于有条件的企业，建立并维护内部法律研究组织则显得尤为重要。企业法律研究组织以内部智库的身份，为企业主和经营管理层提供决策建议，以维护企业整体的法律利益。

中兴通讯作为拥有超过 200 家子公司的大型跨国企业集团，其在全球 160 多个国家的业务存在，决定了其有着旺盛的法律合规咨询需求。为了有针对性地满足企业经营管理需要，提升内部法务人员能力，中兴通讯在 2019 年 8 月正式成立了“全球法律政策研究院”，集合法律、知识产权、出口管制合规、数据保护合规和反商业贿赂合规等领域的研究队伍,吸纳法律合规各职能部门的人员参与研究工作,采用项目化的运作模式持续不断地为企业输出分析、研究和咨询文档。

目前,全球法律政策研究院拥有近 150 名兼职研究员,并设规划委员会和编辑委员会来管理下辖研究项目。每年的研究项目采用规划制和申报制两套并行机制,兼顾企业业务现实需求、研究员职业背景和兴趣方向。全球法律政策研究院积极探索多维度的输出形式,截至 2023 年 7 月,输出的研究成果包括 24 期法律合规动态、8 期研究员内刊和 1 份研讨沙龙论文集,参与行业研究和出版物撰写 2 套,与法律出版社、中国法制出版社、法治日报社、中国企业评价协会、北京大学、深圳大学、深圳市司法局等单位维持长期合作关系。(见图 2 –4)

图 2 –4　研究院内部期刊示例

(二)工作条线

有了合理的组织架构凝聚专业人员后,要想创造效益支持公司发展,还需要清晰的工作条线。“公平和效率”是社会治理中的永恒难题,在公司治理中也需要细心呵护二者的关系。为了调和公平和效率的矛盾,中兴通讯设计了职责清晰、相互监督的工作条线,旨在从根本上避免常见的大组织内部推诿扯皮现象,防止风险演化成系统性危机。在中兴通讯,合规工作大体上遵循“COE—BU—业务单位”这样一个工作路径,合规工作任务由专家中心制订,通过 BU 合规组织传递到业务单位。同样地,来自业务单位的合规咨询和风险上报,也会通过 BU 合规组织上报至合规专家中心。

1. 风险控制“三道防线”

与上述“COE—BU—业务单位”工作路径相一致,集团目前在合规风险控制问题上,根据工作路径上的不同层级角色,也形成了风险控制的“三道防线”(见图2-5):公司明确业务单位为合规管理的第一责任人,以此倒逼全体员工参与到合规风险防控过程中;合规 COE 部门作为第二道防线,通过政策规则制定和过程中的持续监督来识别和处理风险;合规稽查部(Compliance Audit Department,CAD)作为第三方,开展审计工作和违规调查工作。如此,三道防线共同起效,层层筛选降低漏网风险的发生概率和影响后果。

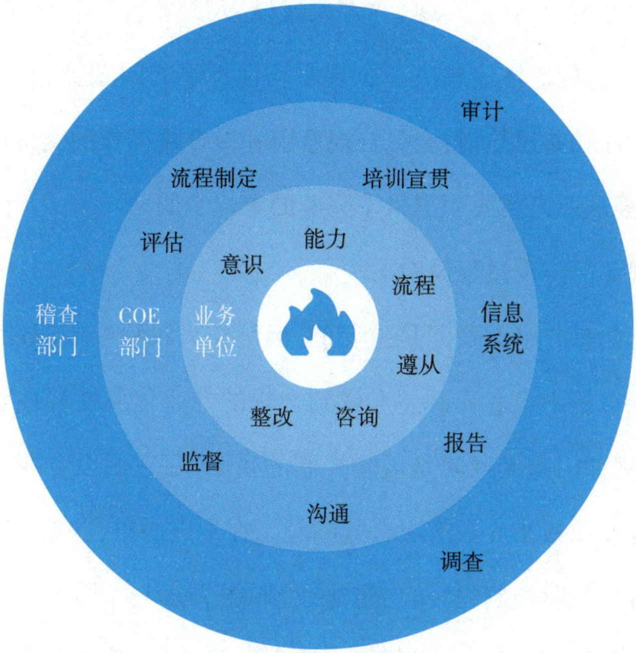

图2－5　合规风险控制的“三道防线”

2. 业务单位为第一责任人

在国内掀起合规建设热潮之前，大多数公司并未配置合规职能，即便有兼职乃至专职从事合规工作的人员，企业也往往把合规管理职能一股脑地安排到职能人员身上。中兴通讯过去也因为将合规视为“少数人的游戏”而爆发致命风险，新任管理层对过去的失败教训认真分析，认为合规管理的专职化和黑盒化是孕育合规风险的温床。合规工作在企业内部不应当是人人疏远的“非主流”，而应当是人人形成遵从意识和责任感的、同呼吸一样自然的存在。

在这样的背景下，合规管理一改过去由内部法务包圆合规工作的局面，公司在制度层面明确业务单位为合规管理的第一责任人，各单位的管理干部要对本部门和所辖领域的合规负责，合规管理也被纳入员工和管理干部的考核方案中，真正实现了“人人建设、人人监督”。将公司全体员工纳入合规管理，创造性地解决了合规驱动性不强的问题，激发了一线单位的主观能动性和共建热情，全员合规意识和对合规工作的支持达到了空前水平，为合规从业人员履职提供了完美的舆论空间。

3. 合规部门防范过程风险

业务部门参与毫无疑问是重要的，但是作为风险控制职能，专业部门的治理效果也是不容忽视的。考虑到合规的专业化属性和在管理体系中的分工，合规部门毫无疑问是风险控制的主力军，它们以专职的工作强度和充足的专业积累来应对解决合规问题。在中兴通讯，COE 和 BU 合规共同承担了合规风险控制的“第二道防线”职能。

根据风险控制流程，合规部门能够在风险评估、政策制定、培训宣贯、落地实施和持续监督等领域发挥无可替代的作用。COE 和 BU 合规作为编制在合规部门的专职人员，监督业务单位活动以识别过程中的风险，设计并执行应对策略来消除对公司业务的不良影响。

4. 合规稽查开展稽核整改

再好的制度和再精密的体系也无法完全杜绝风险的发生，好的合规体系应当是拥有生命力的：拥有及时发现风险的能力，同时在消除风险后也能从根本上补全系统漏洞，防止同类问题的再次发生，以此实现合规管理体系的升级迭代。为了实现风险识别的效果，审计职能必不可少，内部审计部门能够以更经济和针对性的方式实现对风险的识别与分析。

为了凸显审计在合规管理领域的重要性，中兴通讯在集团现有的内控与审计职能外，甚至专门配置了合规稽查部，通过对审计、举报和调查三大职能的建设，形成一套精密运转且嗅觉灵敏的第三道防线，行使 PDCA 循环中的“Check”(检查)和“Act”(改进)职能。

合规稽查部目前自行或授权开展机制化、例行化的审计稽查活动，同时检验 COE 部门的政策制定和业务单位的落地执行情况，通过 AP[①]系统、跟踪表等机制监督问题的闭环整改，一起持续不断地优化合规管理体系。

二、合规运行机制：全流程的合规风险管理

(一)合规风险评估

1. 合规风控的全流程逻辑

企业经营总是面临各种不确定性，不确定性中既蕴含机会，也潜藏风险，能否有效评估并应对风险，有时甚至关乎企业的生死存亡。合规的本质是对法律法规的遵从，一方面，是将外部法律法规转换为内部管理规范；另一方面，是根据模糊的法律法规要求明确企业风险偏好，外部和内部环境因素确定了企业合规的风险评估标准。

在开展企业风险评估前，企业应当系统地识别合规义务，考虑以适当的方式记录这些合规义务，跟进法律监管动态，以有序评价任何变更对合规义务管理的影响。为识别影响企业的环境因素，合规风险评估人员应收集可能影响企业经营目标的战略、财务、市场、运营和法律方面的风险初始

① AP 即“Action Point”，是中兴通讯目前采用的内部任务管理机制，通过设定明确任务目标、责任人和时限要求来确保问题的快速闭环解决。

信息，进一步了解企业的商业模式、销售的产品类型和交易的客户类型等基本情况。合规风险评估需要经过的一般流程具体如图2－6所示。

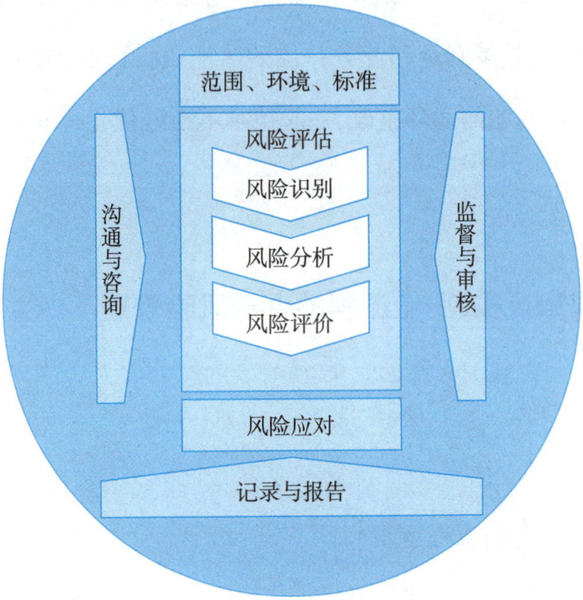

图2－6　合规风险评估流程

（1）风险识别。风险识别工作整体以业务活动为基础，是指合规风险评估人员通过对企业环境信息和业务信息的分析，查找各业务领域、各项业务活动及其重要业务流程中有无风险、有哪些风险，将识别的风险整理为风险事件并进行分类的过程。

（2）风险分析。即在风险识别的基础上对业务活动中风险发生可能性的高低、条件以及潜在影响程度等进行判断、分析、描述，并确定风险可能性或严重性的过程，主要包括对风险事件相关风险源、风险管理现状、风险相关性等方面的分析。

（3）风险评价。即在对风险评估进行定量分析的基础上，建立风险水平定级矩阵，结合“风险发生的可能性”和“风险影响程度”对风险水平进行定性分析，进一步对企业各业务活动进行风险定级。

（4）风险应对。即针对合规风险事件，合规风险评估人员输出具体的可落地实施的改进建议，同时聚焦于风险分类管理及相应的治理规划，对各风险事件进行分类。风险应对策略包含风险规避、风险转移、风险降低、风险接受，对于不同等级的风险事件应采用不同的风险策略。企业应建立重大风险预警机制，制订重大风险应对举措。

2. COE 开展的风险评估

为保障和牵引企业战略目标、合规管理目标的达成，推进完善以风险为导向的合规管理体系，为公司商业可持续发展保驾护航，中兴通讯 COE 部门组建合规风险评估团队，对企业开展全面的风险评估。合规风险评估团队一般设总体组和各专业领域组，总体组负责整体牵头工作，包括计划和方案制订、人员组织等；各专业领域组负责对应业务领域的具体风险评估工作。

合规风险评估团队各专业领域组使用风险评估调查问卷工具收集企业基本信息，主要包括环境信息和业务活动信息。通过对回收的调查问卷进行检查、验证、赋值，梳理企业因业务活动、内外部环境因素而存在的固有风险①，使用固有风险量化工具计算固有风险，以固有风险定量数据为依据，对企业各部门固有风险进行定性，识别出进一步需要开展访谈的部门，对于无须访谈的部门则通过抽样测试的方式对合规样本进行样本测试覆盖。

合规风险评估团队各专业领域组参照访谈问题清单工具，基于业务活

① 固有风险，是指在不考虑内部控制结构的前提下承接对应的合规义务，企业经营过程中发生违规的可能性。

动制订各专业领域访谈问题清单。合规风险评估团队各专业领域组访谈包括但不限于企业管理层、业务部门负责人、职能部门负责人、项目负责人、业务活动负责人等企业人员，并现场检查相关制度流程、调取记录文档、组织现场演示等，将访谈期间获取的信息与前期收集的基本信息、风险评估调查问卷进行综合分析，挖掘数据背后的深层含义。在此基础上，采用多重风险识别方法进行交叉验证，确保评估的完整性、准确性和客观性，如文档审阅或抽样测试、物理检查等，特别在抽样测试时，使用抽单方法和抽样规模技术手段，确保抽样完整性和客观性。

合规风险评估团队各专业领域组基于交叉验证和修正访谈部门的固有风险结论，将业务活动中识别的风险整理为风险事件，使用管理风险量化工具，结合风险事件发生可能性和影响程度因素来确定风险水平，对业务活动的风险水平进行定量计算，风险水平反映风险的严重程度，风险水平定级黑、白、灰（见图 2－7）。

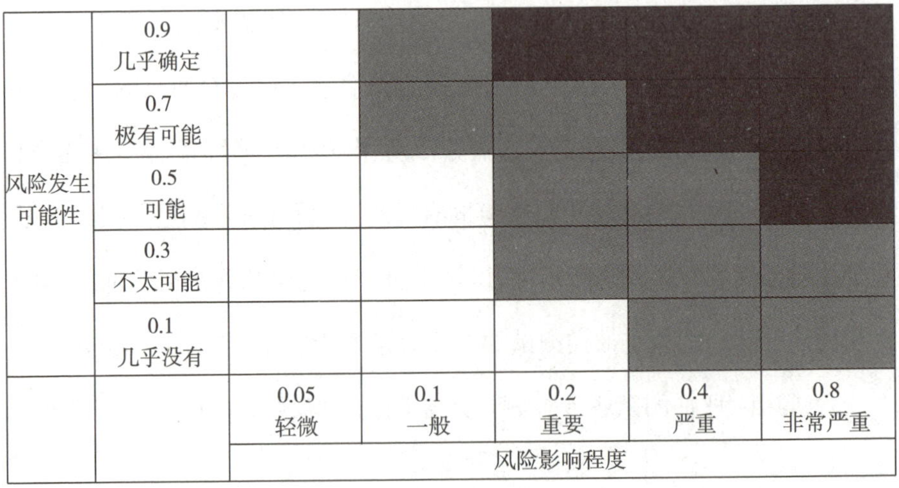

图 2－7　合规风险水平定级矩阵

合规风险评估团队结合风险发生可能性和影响程度因素，构建风险水平定级矩阵，基于风险等级系统，划分风险水平定级区间，对风险事件进行定级。进一步对部门下各业务活动的固有风险数值、管理风险数值、风险水平数值分别累加，整体呈现企业下属各业务部门固有风险数值、管理风险数值和风险水平值以及定级情况，从而绘制中兴通讯细化到各业务部门的合规风险画像和合规风险标签，图 2－8 为业务单位出口管制风险画像组成。

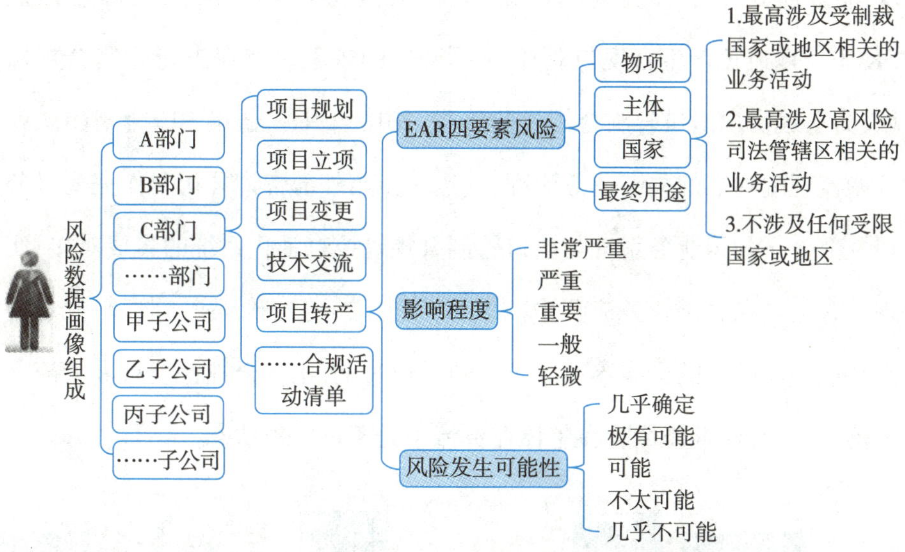

图 2－8　业务单位出口管制风险评估画像组成

合规风险评估团队聚焦于风险分类管理及相应的治理规划，对各风险事件进行分类，同时对企业风险事件按照风险水平由大到小进行排序，建立重大风险清单。合规风险评估团队基于整体分析和风险应对，整体输出综合评估报告和改进建议。

中兴通讯通过在全球范围内开展业务单位风险评估，将合规风险管控升级为合规风险治理,从业务活动开展的前端避免重大合规经营风险的产生,从根本上改变合规管理疲于风险或危机应对的局面。由此,合规管理的价值将不仅仅停留在风险的防范和管控上,而是深度结合企业经营,在业务流程中堵漏建制,撬动更深层次、更大范围的企业治理,持续维护公司经营安全,提升企业竞争力。

3. BU 开展的管控活动嵌入

“由点及线”,流程嵌入是合规管控的具体落地。为响应“本地化”需求,企业需要基于合规规则制定情况,在业务流程中融入关键管控点(KCP),以避免产生合规与业务“两张皮”的现象。如在出口管制合规领域,为有效实现出口管制合规风险管控,2016 年中兴通讯 BU 合规团队就开始梳理端到端的关键业务流程,并进一步与外部咨询公司合作完成母公司及部分子公司业务系统与出口管制合规管控自动化系统的集成对接,实现筛查工具在关键业务流程中的嵌入(见图 2-9),确保出口管制合规规则在业务流程中的最终落地。中兴通讯通过 IT 化将合规管控点嵌入流程中落地执行,使合规风险在整体业务流中处于可收敛状态。

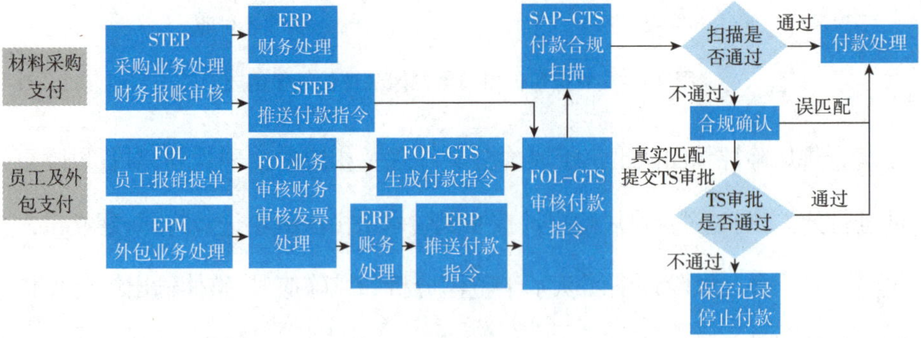

图 2-9　筛查工具在财务付款中的应用举例

BU合规团队每年组织合规规则优化工作，从法律法规—公司政策—合规手册—全景指引—流程规范—管控系统各个层面做了全面梳理和优化，使合规管控体系结构更合理、管控要求描述更规范，减少冗余合规管控，降低合规管理成本，提升合规管控效率。

在前述合规管控嵌入业务流程的实践基础上，中兴通讯基于业务实际建立了涉及出口管制、数据保护、反商业贿赂三大合规领域的体系化合规规则管控查询平台，即“合规管控全景”（见图2－10）。各业务单位人员可以根据实际业务活动需求“一站式”、跨领域地实现检索和查阅，并了解所辖业务范围内可能存在的风险、业务流程中涉及的合规管控点和在这些管控点下需遵循的流程。

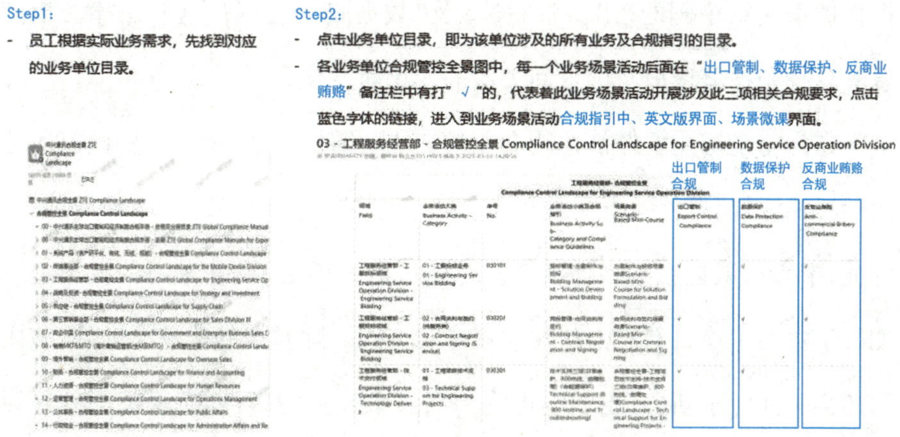

图2－10 中兴通讯“合规管控全景”使用说明

（二）合规规则建设

建立明确的合规规则，可以减少企业发生错误的风险，并确保企业业务活动以一致和有效的方式进行，有助于简化操作、降低成本、提高整体绩效。另外,建设合规规则对确保企业遵守法律和监管要求、保持其利益相关者(包括客户、员工、投资者和监管者)的信任和信心至关重要。因此,中兴通讯极其重视合规规则的建设,从外法监控渠道、影响分析机制以及规则制定流程上进行全面支撑,以建设一套完整且行之有效的合规规则体系。

1. 多维度实时的外法监控渠道

如前文"准确定义及识别合规义务"所述,企业需要关注法律法规和监管动态的变化。世界各国为了维护其国土安全与国家利益,在各领域制定了一系列的法律法规,如加拿大的《进出口许可条例》、美国的《出口管理条例》及《海外反腐败法》、欧盟的《两用物项出口管制条例》及《通用数据保护条例》、中国的《出口管制法》及《数据安全法》等,这些法律法规随着其自身利益需求以及国家间关系的变化而变化。

作为与全球主要经济体均有业务交往的跨国企业,遵守这些国家所适用的法律法规,严格执行及处理有关的管制要求是中兴通讯的基本理念。为此,中兴通讯建立了多维度的实时外法监控渠道,设立专门的政策追踪团队于每个工作日对外部法规政策进行追踪。除常规的监控渠道外,该团队还会关注时事新闻,当发生影响中兴通讯业务的事件时,经部门领导评议,将进一步安排挖掘及追踪相关政策变动的详细内容。此外,中兴通讯的内部智库——全球法律政策研究院也会对全球法律动态进行跟踪,每月向法律合规全员进行推送,其中包含出口管制与制裁、数据保护与网络安全、知识产权、法律事务等领域的内容。通过这样全方位的信息追踪机制,中兴通讯能够及时了解外部法规的更新动态,为后续的业务影响分析及业务指导提供信息源与依据。

2. 成熟的规则影响分析机制

在对外部法规进行全面追踪后,中兴通讯还建立了分级管理的规则影响分析机制,将规则进行分级,并对不同级别的规则进行差异化处理。例如,与中兴通讯业务关联影响较大的法规,需要进行详细法规解读以及业务排查分析,确保中兴通讯的业务活动既满足商业自由度需求,又始终遵守相关法律法规。

具体而言,政策追踪团队成员在完成政策变动信息收集后,按固定模板将信息进行汇总,然后根据业务关联性、了解需求紧迫程度、领导层重视程度等,进行等级分类。以出口管制合规领域为例,其规则影响分级标准如表2－1所示。

表2－1　出口管制规则影响分级标准

分级	含义	评级标准
Ⅰ级	仅作记录保存	初步判断与公司业务完全不相关
Ⅱ级	仅作初步变动内容介绍	初步判断与公司业务关联不大,或者初步判断公司对此有一定了解需求
Ⅲ级	需做出口管制合规政策变动解读报告	初步判断与公司业务关联影响较大,或者初步判断公司对此有了解需求

评级为Ⅰ级的政策,为与中兴通讯业务完全不相关的规则。例如,2023年1月6日,美国国务院发布《针对伊朗无人机和弹道导弹行业的新

制裁》。[①] 按当前中兴通讯的业务选择和实际情况,其业务完全不涉及该消息所限制的国家及业务活动,所以此类信息仅会记录标题及链接等信息保存,证明当天已对相关法规进行了追踪分析。

评级为Ⅱ级的政策,为与中兴通讯业务有一定关联,但是并不会对中兴通讯业务操作产生直接影响的规则。例如,2022 年 12 月 9 日,据华尔街日报报道,美国预计于 2022 年 12 月 9 日发布新一批的制裁清单,可能对约 170 个与太平洋海域捕捞有关的中国实体施加限制,如冻结财产、禁止进入美国等。[②] 此信息涉及中兴通讯总部所在国,涉及常见的受限制主体清单,但是具体的制裁领域与中兴通讯业务关联性不大,所以仅提炼关键信息并进行初步分析,后定期向内部合规人员进行推送。部分Ⅱ级政策虽然并未对业务有即时影响,但是由于这些规则会对业务操作造成有一定影响,中兴通讯也会针对这些规则更新进行特别处理。例如,2022 年 11 月 22 日,美国商务部工业与安全局更新《巴基斯坦尽职调查指引》,[③]中兴通讯随即安排对巴基斯坦子公司进行尽职调查相关的培训,提升员工的合规意识,确保规则限制所在国的业务人员能充分了解内外部规则要求、识别业务风险。

评级为Ⅲ级的政策,为与中兴通讯业务强关联,对中兴通讯业务操作

---

① See Antony J. Blinken, *New Sanctions Targeting Iran's UAV and Ballistic Missile Industries*, U. S. Department of State (Jan. 6, 2023), https://www.state.gov/new-sanctions-targeting-irans-uav-and-ballistic-missile-industries.

② See Vivian Salama & Ian Talley, *U. S. to Levy Human-Rights Sanctions on Russia*, *China*, The Wall Street Journal (Dec. 9, 2022), https://www.wsj.com/articles/u-s-to-levy-human-rights-sanctions-on-russia-china-11670547885? page=1.

③ See U. S. Department of Commerce Bureau of Industry and Security, *Pakistan Due Diligence Guidance*, https://www.bis.doc.gov/index.php/policy-guidance/pakistan-due-diligence-guidance.

产生直接影响的规则，需要对此有深入了解。此类变动需要进行深入解读，包括变动背景描述、规则详细解读、政策变化趋势分析、对中兴通讯的一般影响以及初步分析特定影响。针对那些对中兴通讯有特别重大影响或者是关联度极大的政策法规，需要组建专门团队进行专项处理。例如，2022 年 2 月 25 日，美国商务部工业与安全局修订《出口管理条例》中的规则以实施对俄罗斯的制裁①。该规则发布后，法律合规部门立即联同业务单位代表一起组建团队，将政策变动向业务单位传递与解读，对业务进行全面排查，对业务场景影响进行评定，为业务单位输出风险管控措施建议，既管控风险又保障业务活动顺利开展。

3. 钳制支持的规则制定流程

中兴通讯建立了一套完整的合规规则体系（见图 2－11），自上而下分别是合规政策、合规手册（含总册及分册）、指导性文件。由合规部门建立并维护出口管制合规政策和出口管制合规手册，合规部门及业务部门共同建立及维护指导性文件。合规政策和总册在规则体系中类似于宪法，主要是宏观的指导意见。其中政策体现中兴通讯的合规目标和基本原则，在规则体系中居于核心和最高地位。业务分册和指导性文件，则类似于法律体系中的法律法规，是基于上层的宪法制定的，更贴近于各地实际情况的中兴通讯法规。其在实际的应用中，更贴近于实际业务场景，是具体业务操作的具体指引。

---

① See U. S. Department of Commerce Bureau of Industry and Security, *Implementation of Sanctions Against Russia under the Export Administration Regulations* (*EAR*), https://www.federalregister.gov/documents/2022/03/03/2022-04300/implementation-of-sanctions-against-russia-under-the-export-administration-regulations-ear.

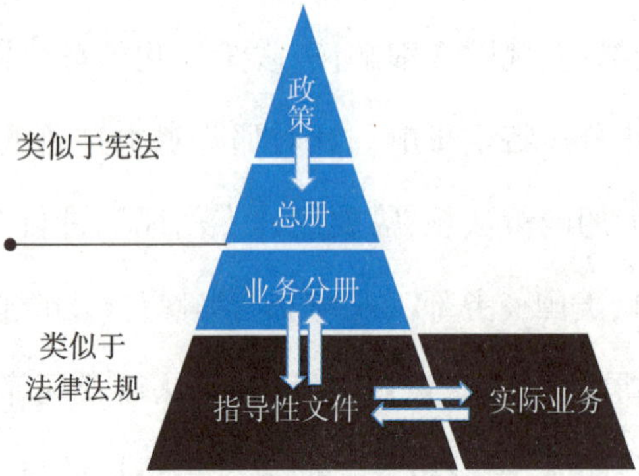

图 2－11　合规规则体系

为了能够体现外部法律法规以及内部流程和合规管控要求的变化，中兴通讯的合规政策及手册在正式发布后至少每年进行复审，以确认手册内容符合当前的合规要求。在修订时，中兴通讯非常注重各层级位阶规则之间的关系，政策及手册在修订之后，其下位阶的其他规则文件予以配合修订，确保不出现与其上位阶文件相违背的内容。各层级的规则文件，都必须经过严格审批后才可以进行发布使用。

除年度刷新外，当外部法律法规发生变化时，中兴通讯的规则体系也快速做出响应，根据对公司业务操作影响程度，由专门的团队审视是否需要对现有规则进行修改。在修订这些内部规则时，也需要遵从规则体系架构，自上而下地从政策、手册至业务指导文件进行评估及修订。如需要制定新规则文档，也需遵循上述原则，下阶文档必须确保不出现与上阶文档相违背的内容。例如，2021 年 1 月 14 日，美国工业与安全局在《出口管制条例》中调整苏丹的国别，撤销将苏丹指定为恐怖主义支持国（State

Sponsor of Terrorism, SSOT)的决定,[①]中兴通讯迅速组织团队对规则进行分析,于2021年3月修改合规政策及手册,将苏丹从“受制裁国家/地区”清单中移除,允许继续在该地区开展业务,随后于2021年10月发布具体操作规范指导业务活动开展。

(三)合规过程监督

为保障合规规则体系有效落地,企业应当对规则执行落实情况开展检查和审计,强化过程管控,及时发现问题并采取措施妥善应对,健全规章制度、优化业务流程等,不断完善和提升合规体系建设,以适应不断变化的内外部环境。

中兴通讯通过针对规则落地开展合规检查、针对控制有效性开展专项审计以及定期复盘规则优化活动,整体强化合规过程监督。

1. 针对规则落地开展的合规检查

合规检查是指对合规规则的合理性、合规流程的完整性、业务合规管控要求的落实情况等进行的一种独立监督活动,主要目的在于通过科学的检查程序及方法,发现合规检查对象(“被检查单位”)存在的合规问题和违规行为,评价合规体系设计和执行的有效性,提供合规管控建议及指导。

合规检查的内容包含:

---

① See U. S. Department of Commerce Bureau of Industry and Security, *Implementation in the Export Administration Regulations of the United States' Rescission of Sudan's Designation as a State Sponsor of Terrorism*, https://www.federalregister.gov/documents/2021/01/19/2020-29037/implementation-in-the-export-administration-regulations-of-the-united-states-rescission-of-sudans.

（1）被检查单位的规则执行情况；

（2）被检查单位的合规文化认知情况；

（3）过往检查中所识别缺陷的整改情况。

源起于质量管理领域的PDCA循环已广泛应用于各管理领域，其可以发现、改善各种管理问题，合规检查的定位就是实现PDCA循环中的“Check”的功能。合规检查在每一个治理周期内按照PDCA的形式循环往复，实现合规治理水平螺旋上升的关键阶段。（见图2－12）

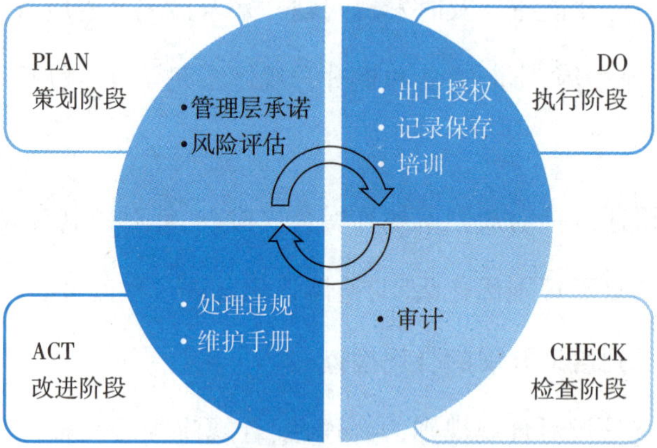

图2－12　ECP八要素与PDCA循环关系

合规检查方案应包括基本信息和确定的资源，以便在规定的时限内有效和高效地进行检查。其中，基本信息包括目标、范围、时间计划、风险和机会以及应对措施、依据和标准、方法、检查小组成员选择标准等。

合规检查工具的表现形式一般是标准化表格，用于记录单次检查信息。检查工具内容通常包括基本信息记录（检查名称，被检查单位、执行人、检查时间、地点等）、检查项（需要逐个进行审查的内容清单）及其检查标准与评价（审查方法、记录检查结果、评价标准），其中检查项是核心内容。制订一个高质量检查单的重点与难点是如何设置合理的检查项,一个检查项一般用于验证某处是否存在导致影响执行有效性的缺陷问题。检查项可以将待检查业务活动树型分解为细分的场景或情形,完成场景细分之后再提出潜在失效问题,并与细分场景组合与排列之后得到检查项。按照国际审计准则,从被检查对象中选取被检查实例有三种方法:全选、选取特别的和随机抽样。

在检查期间,应通过适当抽样收集与检查目标、范围和标准有关的信息,包括与职能、活动和流程之间的接口有关的信息,并应尽可能进行核实。只有经过一定程度验证的信息,才能作为检查证据。在核实程度低的情况下,检查小组应利用其专业判断,确定可将其作为证据的程度,并记录得出检查结果的检查证据。在收集客观证据的过程中,如果检查小组了解到任何新情况或变化的情况、风险或机会,应进行相应处理。收集信息的方法包括但不限于以下情况:访谈、观察和查看记录的信息。

以出口管制合规领域为例,合规检查一般通过现场访谈、资料抽查与审核、在 IT 系统中进行测试操作或要求访谈对象演示系统操作流程等方式,对政策执行情况及管理层承诺、风险评估与出口授权、记录保存、合规培训、合规自查、违规处理等 ECP 要素进行综合检查。其中,通过对被检查业务部门的各类岗位进行访谈,识别被检查部门对合规文化的认知情况;通过业务资料的抽查、信息系统中业务流程的测试或演示,并结合访谈中设置的业务领域类问题、业务岗位类问题,识别被检查部门规则执行的情况。

合规检查可以验证合规管控流程的可靠性,对流程中数据质量进行验证和查验,防止管控流程或程序失效。合规检查可以使合规管理体系具有极高的发现潜在问题的能力,及时发现问题、改正问题,在问题演化成危机之前识别并解决。

中兴通讯以项目化运作开展合规检查活动,同时采用常态化检查和专项检查相结合的方式:(1)常态化检查:根据中兴通讯合规手册要求,结合ECP八要素展开,重点检查:①被检查单位的规则执行情况;②被检查单位的合规文化认知情况;③过往检查中所识别出的缺陷整改情况。检查对象是各业务部门,其优点是具有全面覆盖性。(2)专项检查:根据业务梳理结果,识别出风险业务活动,针对特定的业务(如工程交付领域的外包业务、销售领域的合同签约评审),由专业合规团队按一定周期开展检查,开展的频次较常态化检查更高,检查内容也更深入。检查对象一般是某一项业务活动,其优点是效率更高。(见表2-2)

表2-2 中兴通讯合规检查

类型	检查项
常态化检查	管理层承诺
	风险评估与出口授权
	记录保存
	合规培训
	审计和检查、自我评估和年度证明
	举报文化、举报途径
	合规手册

续表

类型	检查项
专项检查	军事用户营销项目专项检查
	受限制主体营销项目专项检查
	研发对外交流专项检查
	许可证物料专项检查
	暂存点专项检查
	……

中兴通讯采用常态化检查和专项检查相结合的方式,既保证了检查的全面性,又可对高风险领域/业务进行更高效的检查。同时,与合规体系建设中的其他要素,如风险评估、出口授权、处理并纠正违规行为等相结合,促进中兴通讯合规体系建设逐步提升和完善。

2. 针对控制有效性开展的专项审计

合规审计是基于被审计主体所需要遵从的合规框架体系,对被审计主体合规制度与政策制定的合理性、合规流程的完整性、业务合规管控要求的落实情况等进行的一种独立监管活动,其主要目的在于发现合规审计对象存在的合规问题和违规行为,评级合规体系设计和执行的有效性,提供合规管控建议及指导。

中兴通讯专项合规审计通过对重要合规领域中的特定事项或要素进行审计,评估重要合规领域中关键管控措施设计及执行的有效性,出具专项审计报告并跟踪整改的过程。专项审计工作程序,包括控制测试和实质性测试。控制测试,是指合规审计人员对审计对象的合规管理体系设计和执行的有效性进行了解,并验证其是否得到一贯遵循的过程,根本目的为验证审计对象的各项合规管理控制措施是否均真实存在,是否始终如一地遵守了相关制度要求,是否真正发挥了作用,遵循制度的程度又如何,有无失控和不完善之处。控制测试可分为人工控制和系统控制,当控制主体为人时属于人工控制,当依赖系统所生成的信息或报告时属于系统控制。实质性测试,是指在控制测试的基础上,为取得直接证据而运用审计方法,对合规审计对象合规管理情况进行审查,以得出合规审计结论的过程。

中兴通讯开展的专项合规审计类型比较多、形式灵活,以出口管制合规领域为例,如 ECCN 上网发布合规专项审计,受限制主体筛查专项审计,全球贸易服务(Global Trade Services, GTS)合规管控审计,保证函(Letter of Assurance, LOA)/最终用户、最终用途、最终目的地声明(End User, End Use, End-Destination Statement, EUD)出口合规语言签署专项审计,军事最终用户营销项目专项审计,受限制主体营销项目专项审计等。

合规审计的特殊之处在于,仅发表审计意见是不足够的,还需要对审计结果加以应用,可能涉及以下六个方面:

(1)审计过程中的审计结果应用,对于发现的特殊问题,以恰当的方式及时报告,形成审计结果的及时应用;

(2)公告审计结果;

(3)做出审计决定,对缺陷行为责任单位和责任人做出处理处罚,并跟踪决定的实施过程和结果;

(4)做出审计移送决定,并跟踪相关部门的处理结果;

(5)提出审计建议,针对缺陷行为产生的原因,提出完善相关体制、机制、制度的建议,并跟踪审计建议的实施过程和结果;

(6)公告审计整改情况,将上述各方面的整改情况予以公告。

3. 定期复盘的规则优化活动

合规规则体系和企业的规范化管理在演化阶段有异曲同工之妙,从其运作特性来看,可分为僵化、优化、固化三个阶段。企业内部治理的初级阶段通常会学习外部的标准体系来搭建内部的治理结构,发展到一定阶段后开始结合企业的运营结构、经营规模、人员特点进行治理体系的优化和创新,找到符合自身的发展轨道后,便开始固化内部的治理结构,形成具有自身特色的企业治理体系并持续规范运营。

在合规规则体系上,企业在规则体系建立的初级阶段,为了生存和发展,需要先僵化和机械地将外部法律法规内化为公司内部治理的规则,并在此过程中提升对外法外规的解读能力和抽象性风险的识别能力。僵化阶段仅解决了合规规则从无到有,而如何实现规则从有到优的演进,则需要增强合规规则与业务场景的适配性及可操作性,以实现合规管控与业务管理有效融合为目标,以解决业务痛点为主要考量标准,建设可落地、可执行的业务流程和规范体系。

优化是有阶段性的,企业需一步步固化已经完成优化的成果,将合规规则变成业务运营中例行化(制度化、常态化)和规范化(模板化、程序化)的标准动作和行为模式,推动企业向着规则有序、业务稳健运作的方向持续前进。为进一步契合规则发展规律,企业需要定期对合规规则进行复盘,开展规则优化活动,以更有效、高效地适应不断变化的外部环境,助力企业有质增长。

中兴通讯按年度开展合规规则优化，整体从自上而下和自下而上两个路径同时开展，在自上而下的路径中，从政策—手册—合规指引入手，通过系统性地审视规则“金字塔”，全面梳理流程规范和管控 KCP，找到制度中漏点、堵点和盲点；在自下而上的路径中，从一线用户体验入手，收集最靠近用户、使用频次高、影响面广的场景或痛点，做根因分析。

中兴通讯针对识别出来的问题，基于必要性、合理性、有效性进行复盘分析：(1)必要性：复盘规则与风险之间的差距，如哪些规则是冗余的，哪些风险还没有被覆盖，即可增可减的逻辑；(2)合理性(涵盖管理成本)：看管控要求是否与业务实际相匹配，管控落地是否与业务执行相一致；看管理成本的大小，是否能够实现效能最优，复盘涉及人员范围、系统管控/人工管控、执行频次等；(3)有效性：所有管控设置是否有效，包括管理有效性和执行有效性。

中兴通讯力求在制度设定目的达成的基础上实现管控最优化，制订优化方案予以实施；并建立后评估机制，对落地执行进行负反馈，实现优化的闭环。通过定期规则优化，进一步弥合“说合规”与“做合规”之间的差距，确保合规规则在业务实施中被切实、有效地遵守；同时确保合规管理在企业商业可持续的基础上，与业务发展高效协同。

(四)合规危机应对

合规作为典型的风险控制职能，管理对象也会经历一般的风险管理阶段(见图 2-13)，当风险处理策略失效后，风险则会进化为危机。中兴通讯将合规危机定义为:具有时间压迫性和结果不确定性的,对组织体行为准则架构和经济、声誉利益造成即期的紧迫威胁的,需要及时作出关键决策施加主动干预的事件。在日常业务中处理的合规危机,则专指公司运作过程中突发性的,对公司存续和经营构成重大威胁的,需要上升至经营管理层关注的法律合规领域违法、违规或重大舆情事件。

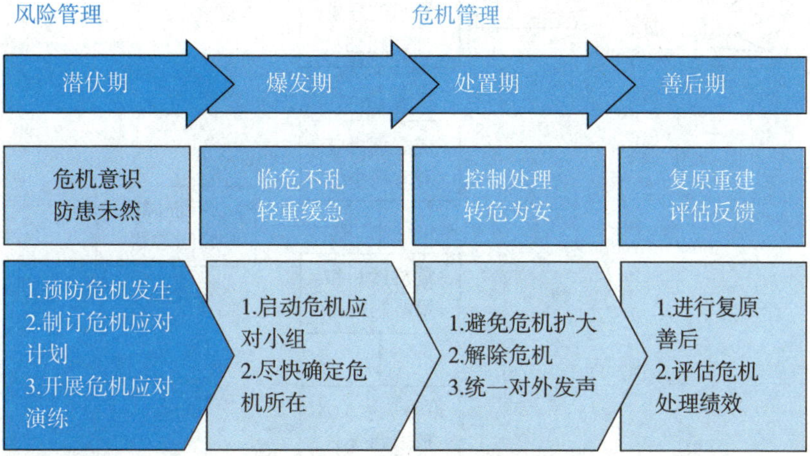

图2－13　风险管理阶段

为了提升合规风险控制系统的稳定性,减少公司业务开展过程中的不确定性,中兴通讯制定了完善的危机应对流程和部门联动机制,妥善处理了过去几年大大小小的合规危机,防范了对公司存续或业务连续性产生重大影响的"黑天鹅事件"。

1. 完善的危机应对流程

危机应对,考验风险控制角色的预判和响应。为了实现有预备和高效的应对,企业需要在危机尚未显现的平时防患于未然,制定好相应的应对机制和流程。

中兴通讯目前已在三大合规领域建立起行之有效的危机应对机制,能够有效应对新法出台、政策调整、数据泄露、舆情事件、执法事件等事项。现有的危机应对流程(见图 2－14)以合规专家中心为主力部门,同时纳入合规稽查部门做根因分析,首席法务官(Chief Legal Officer,CLO)办公室作为事件处理过程中的统筹部门。

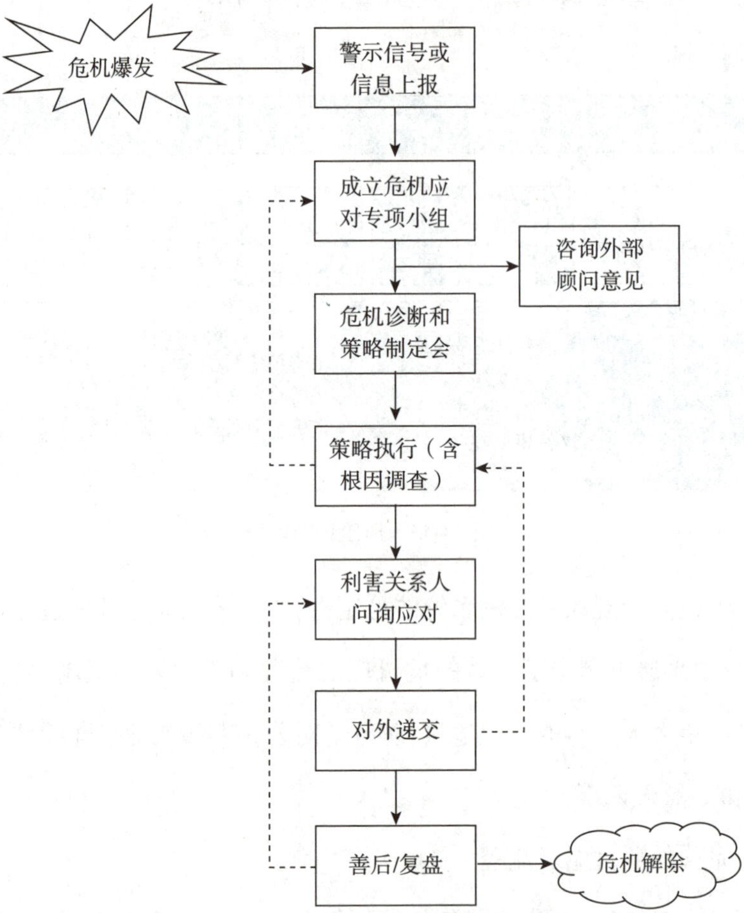

图 2－14 危机应对标准流程

为了应对不同领域和不同层级的危机事件,中兴通讯目前在合规三大领域设置了不同的危机应对流程,其处理思路和工作部署方式大体相同,但基于所辖领域在公司内部的处理层级和后果影响大小做了差异调整。同时，考虑到合规危机的内部定义性，公司还根据过去几年的危机处理经验，将合规类危机依据发生概率和危害后果进行半定量分析，分为高风险、中风险和低风险。与此相匹配，主导部门设置、汇报层级和频率也会根据合规危机的层级相应变化。

2. 久经考验的部门联动机制

大多数企业尚未也无须设置专门的危机应对部门，因为危机无非是影响程度更大的风险事件，使用现有的风险控制角色即可实现较好的处理效果。危机事件往往牵涉多方利益和企业内的各角色，危机应对流程考验公司内部的部门间协同效率和效果。

危机应对首先考验合规部门的联动。当爆发合规危机时，危机上报部门（业务单位）、风险管理部门（COE）、内部利益相关方（管理层）都想第一时间核实情况，及时开展处置工作。那么，谁来牵头，谁来支撑，信息沿着怎样的路径流动，都是危机应对小组需要解决的问题。从图 2－15 可见，中兴通讯目前的合规危机主要由 COE、CLO 办公室和合规稽查等部门直接处理。CLO 办公室负责对危机事件整体统筹并监督各角色的履职和处理效果，通过信息展板、沟通群组、例会、信息通报等机制和工具实现合规内部团队的联动和工作安排。

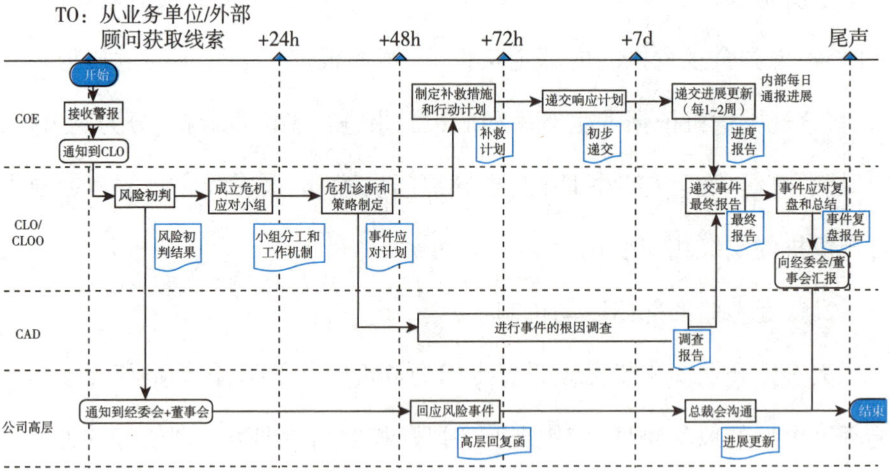

图 2－15　危机应对角色分工

中兴通讯作为上市公司，合规类危机对于公司的市场表现和投资者信心影响颇大，故同时考验合规部门与证券部门的联动。公司的合规类危机，在向公司高层信息同步的同时，也须告知证券部门，合规部门会与证券部门一起制定合规危机的披露口径，确保符合上市公司信息披露要求。

3. 充足的类危机事件应对经验

作为面临监管且身处执法前沿领域的企业，中兴通讯在过去几年的业务运作过程中，面临大大小小的合规危机挑战。无论是新法出台、执法行动，还是监管问询、舆情演变等不同场景，现有的危机应对流程和部门联动机制都很好地发挥了作用。

作为在出口管制、反商业贿赂、数据保护等领域紧密跟踪立法执法动态的企业，中兴通讯的危机应对组织总是能快人一步地完成公司业务影响分析，并制订出可执行的处置方案，以减少业务影响和投资者担忧。对于监管问询，公司也都能在第一时间组织责任单位弄清楚事实原委，通过及时和坦诚的沟通打消监管疑虑,防止监管互信丧失下的不利执法。在与公司品牌部协同处理的舆情实践中,合规不仅能为公司提供打击不实信息的炮弹,在客户增信方面也能发挥意想不到的作用。现有的合规类危机处理,为中兴通讯的事件应对积累了宝贵的经验,为其妥善处理各类事件奠定了基础。

三、合规保障机制:保障合规体系有效的其他因素

(一)高层承诺全员参与的合规文化

文化是大家都遵守、认同,在多年发展过程中耳濡目染,不需要思考就能表现出来的思维模式和行为标准,是一群人对同一事件构建的相同心理程序。合规文化是一个由许多人指导和支持的过程,以创造一个人人都能说和做正确事情的环境。企业合规文化存在于企业治理、运营、管理等各个领域的各个环节。良好的企业合规文化能减少内部管控成本,实现员工在特定领域的自我驱动、自我管理,使合规管理变得简单有效。企业合规文化,特别体现在没有具体指令、具体规章时,企业成员会如何决策。

1. 自上而下合规氛围营造

文化是自上而下传播的,因此企业高级管理层需要确定基调并采取相应行动,以展示组织在合规方面的价值观。领导层应直接参与并监督组织合规计划的实施,以确保有效管理其法律和监管义务。

企业高层管理者对企业合规文化的形成和维系有至关重要的作用。

企业强调对合规的重视程度的有效方法是，将合规责任明确分配给高层管理者，在适当的情况下将合规管理作为企业高层管理者一个独特的管理责任。中兴通讯把合规管理体系的建设定位为“一把手工程”，以充分发挥管理层“关键少数”的作用。中兴通讯认为，管理层在合规文化建设中发挥的领导力作用，会让合规体系的建设、合规文化的建设以及企业的经营实现效益倍增。

中兴通讯通过“管理层承诺”，让高级管理层充分参与到合规工作中。中兴通讯认为，合规文化建设要从高级管理层做起，高管要做到言行一致、以身作则、事事为先。领导率先垂范，言谈举止讲合规，树立良好形象，对员工来讲是一种用思想影响思想、潜移默化的教育方式。中兴通讯的董事长和总裁每年都会签发管理层承诺声明和政策，也会面向全体员工发送年度合规寄语，强调公司的合规红线、宣示公司合规建设的使命和愿景。中兴通讯的高级管理层每年也都会与合规总监签署合规责任状，明确双方的合规职责。此外，中兴通讯还策划高管合规大讲堂系列活动，由高管亲自上讲台授课，向大家传递合规理念和要求。这些围绕高管进行的合规发声、授课、承诺函和责任状的签署等事项，既发挥了领导层的示范作用，也使高管的合规行为时刻被监督。

中层管理干部是合规体系建设中至关重要的中坚力量。他们离员工最近，所以他们在合规上的一言一行，都是会被员工学习和效仿的。在干部和员工之间，以行为引领行为，能够让合规管理在落地层面更加坚实和可靠。面向中层管理干部，中兴通讯通过合规行为准则及行为指引，引导并要求他们有效地参与到合规体系建设中。比如，中兴通讯在一年一度的管理干部读书班中开设合规课程，通过课程讲授及案例剖析，强化大家对于合规知识的理解和运用能力，并通过管理层向下谈合规活动，强化各级干部对于合规风险的认知和管控要求的理解。

2. 自下而上的文化活动开展

合规文化是一种集体印象，讲述合规在企业中的意义，让员工知道在企业中如何遵循合规要求从而获得奖励或避免惩罚。每个员工都会根据其所感受的氛围来强化这个集体印象。

员工是企业组织中的最基本细胞，其对企业合规文化的感知是最直接、最敏感的。因此，员工对企业合规文化的影响是最广泛的。如果员工不能承载和践行合规文化，或者对企业合规文化产生排斥，那么企业合规文化就无法立足。除践行合规文化外，员工本身也对合规文化产生正面或负面的影响。中兴通讯充分重视员工对企业文化的重要性，为员工树立榜样，引导员工悉心呵护、主动践行合规文化，以此不断强化企业合规文化的生命力和影响力。

中兴通讯合规团队通过建立清晰、保密和受保护的举报渠道，公开、明确鼓励员工积极举报潜在违规行为，通过对举报者的切实保护、对打击报复举报现象的处罚，让员工真正感觉到举报是安全的。

中兴通讯还通过各种企业内部 IT 平台、内部流程嵌入等，建立有效的机制，确保员工可以免费、轻松地获得合规相关的详细信息。中兴通讯合规团队定期对这些机制进行审视和优化，以确保将与合规相关的规则变化及时、清楚地传达给公司全员。

(二)树立意识改变行为的合规培训

中兴通讯为所有员工提供量身定制的定期合规培训,以确保每一个员工都清楚其在岗位上可能面临的合规风险,以及对这些风险保持警惕的重要性。

1. 组合式的合规课程设置

“人非生而知之者”,广大干部员工不会天然就懂合规,尤其是在出口管制、反腐败或反洗钱等复杂问题方面。中兴通讯的合规培训不仅教会员工其所需要知道的事情,以确保公司和彼此的安全,而且致力于让员工热衷于学习和接受他们所承担的合规责任。通过合规培训,员工可以了解合规对他们的直接影响,可以将他们学到的知识应用到日常工作中。合规培训还能够为员工建立一种条件反射和肌肉记忆,帮助员工识别潜在的合规情况并采取正确的行动。

在合规培训工作中,中兴通讯尤其重视合规讲师的培养,重视合规培训讲师的专业知识能力。合规培训讲师承担着将合规相关要求、合规培训内容准确传递给员工的重要职责,作为能够在企业内部影响他人在合规方面做出改变的人,合规讲师需要极其谨慎的专业能力。中兴通讯优先从专职合规人员中遴选合规培训的讲师,以确保课程开发及讲授的专业性。在合规专业人员成为合规培训讲师之前,中兴通讯为他们提供关于培训授课技能技巧的培训。

不同岗位涉及的合规风险各有不同,中兴通讯面向不同领域、不同岗位设置了精准化合规培训学资体系,为不同类别的员工对应开发不同类型的合规培训课程，做到培训与业务场景、实际业务风险相结合，设置适应不同人群、不同岗位、不同业务场景的课程。第一类是面向全体员工的合规通识、合规意识类课程，以合规概念的讲解为主要内容，通过对公司的合规红线、合规文化理念的学习，引导员工对合规文化的认知。第二类是与业务领域相关的合规规章制度，即在员工对公司合规政策、合规红线、合规手册、合规指引的学习基础上，将本业务领域所涉及相关的规章制度、作业流程分别讲解。第三类是与具体岗位相关的合规指引，主要是结合岗位工作场景，将对应岗位的合规要求完整描述出来。

这些合规培训课程也可以通过结构化的方式进行自由组合，以适应不同的培训场景和培训需求。例如，针对入职新员工，配置新员工合规课程，重点强调合规意识；针对管理干部，配置管理干部合规课程，重点强调干部的合规管理责任；针对正式员工，配置全员合规培训课程，重点强调不同业务场景下的合规管控要求。此外，还可以针对高风险的领域、岗位，配置关键领域合规课程或关键岗位合规课程，进行强化培训。

中兴通讯还结合内外部法律规则变化、业务场景变化、员工对培训学习的反馈，定期对课程、学资更新优化。

2. 依托数字化的高效培训实施

IT 技术作为半个世纪以来的重大创新，加速了信息的高效流动和稳定记录，给企业、企业员工以及其他利益相关方提供了多方面的价值，为各行各业的发展提供了不竭动力。传统的线下培训方式，在培训方式和手段方面都存在很大的局限性。中兴通讯依托数字化手段，采取线上培训的方式，有效解决培训时间、培训空间、会议管理等问题，大大提高合规培训的效率。中兴通讯面向全体员工的内部线上学习平台是合规培训不可或缺的基础设施。员工的合规培训计划、合规培训课程、合规考试及效果检验，都可以通过IT学习平台工具进行。IT学习平台及相关工具不仅可以提升培训实施效率，还能方便地实现端到端的过程可视、合规培训记录的自动保存等。

通过数字化IT学习平台，可以确保培训实施的一致性。合规培训课程的内容开发完毕以后，中兴通讯讲师团队会进一步将课程语音化、多媒体化，以便这些课程可以通过IT平台，以线上化的方式供员工进行合规培训学习。而且这些视频课程都是经过专业部门录制的，所以能够保证讲解内容和讲解质量上的一致性，避免了人工培训带来的信息变形和衰减。

通过数字化IT学习平台，可以解决不同领域、不同岗位员工合规课程的配置和组合问题。在IT学习平台上，每个岗位标签对应一个课程包，如果员工的岗位标签因为晋升或内部调动的原因发生变动，变动生效后，IT平台将会根据岗位标签，自动为员工呈现新岗位标签对应的合规课程包。

通过数字化IT学习平台，可以简化培训的组织形式。传统培训方式下，需要一个部门在一个特定时间集中到一起进行培训；而在线上培训的模式下，员工可以在任何时候进行自主学习，只要在指定的时间完成下发的全年学习目标和要求即可。

通过数字化IT学习平台提供中英文课程配套试题库，可以让员工很方便地通过自测、考试等方式巩固重要内容、检验学习效果。

通过数字化IT学习平台，可以高效完成合规培训记录、档案的保存。通过合规培训可以及时建立隔离带和防火墙，有效切割公司责任、员工责任和第三方责任，防止企业受到牵连。完整、翔实的合规培训记录，是隔离带和防火墙的重要基石。中兴通讯在实施合规培训的同时，通过数字化 IT 学习平台进行合规培训相关记录的保存，包括合规培训讲师的培养培训记录，合规培训教材的开发记录、评审记录，合规培训教材学资档案，合规培训的启动通知，合规培训的签到记录，合规培训的考试抽查等效果验证的记录，对合规培训弄虚作假人员的处罚记录等。

3. "教做考"闭环的效果验证

在向员工提供充分的合规培训后，中兴通讯还会通过培训效果验证及结果应用，实现"教做考"的闭环。

合规培训效果验证包括对培训设计、培训内容及培训效果的评价，是企业合规培训管理体系架构中重要的最后一环，是对整体合规培训工作实施的闭环。通过建立合规培训效果评估体系及结果应用指标，推动企业合规建设，能够强化员工合规意识，激发员工主动学习的积极性，同时也能检验员工合规培训知识的掌握情况。

中兴通讯的合规培训效果评估有在线考试、合规访谈、合规稽核审计等多种方式，并针对未按要求参加合规培训或合规培训效果不合格者，予以结果应用。比如，在规定时间无故未按时完成公司级合规培训或合规考试、公司级合规考试或培训效果审查结果不合格、不遵守合规要求、不配合合规审计或调查的干部、员工，最近一次半年考核不能为优秀，最近一次岗位聘任时不能进行岗位晋级，结果认定后的次月扣减一次岗位绩效，并在一定范围内予以公开通报。

(三)公正合理有效激发的合规考核

1. 考核促进规则落地

考核在规范人们行为、调整利益关系、促进积极协同中起关键性作用。合规考核有助于在组织内建立“规则敬畏、规则遵从”的合规文化,有助于政策和制度的贯彻落实,让管理灵活而不致僵化。

中兴通讯在通过考核促进合规规则落地的过程中,首先考虑的是考核规则本身。结合人性,从规则设计上实现对合规规则的敬畏与遵从。要达成目的,只靠人的自觉、道德的约束以及他人的监督的力量是非常薄弱的。例如,第二次世界大战美国空军降落伞合格率的故事中,当新规则改为由厂家负责人亲自跳伞检测时,合格率就立即发生了变化。“厂家负责人亲自跳伞检测”在规则设计上,结合人性,让厂家负责人不得不敬畏、不得不遵从。可见,把个人应负的责任和切身利益联系到一起,就能有效地解决问题。中兴通讯合规团队基于公司考核框架,对管理单位按月进行合规考核加减分,将管理干部应负的责任与考核关联,问题即迎刃而解,这体现了“规则设计”的重要性。

合规规则是合规考核的基础。中兴通讯为不同领域、不同岗位制定了合规管控指引和要求,并通过有效的培训确保其被人了解和熟知,通过 IT 平台便利员工查阅、检索。

通过合规考核强化对合规规则的敬畏和遵从。如果有规不依,规则的作用和功能就无从发挥,规则的价值也无法实现。只有违规必究,规则的功能和作用才能发挥出来,制定规则的价值才能得到体现,规则才能真正被敬畏和遵从。中兴通讯在对合规规则进行充分宣贯、培训的基础上，针对日常合规检查中出现的违规情况执行合规考核、公示和通报。通过合规考核以及对考核结果的公示、通报，既可以“以案释法、以案普法”，又可以有效提升全员对合规规则的敬畏和遵从。

通过合规考核，调动管理干部、强化全员“规则敬畏、规则遵从”的意识。在执行合规考核、公示、通报的同时，中兴通讯合规团队还通过培训、会议、宣贯等形式，强调规则遵从的价值，让各级管理干部真正意识到“员工规则遵从意识的提升，有利于部门基础管理水平的提升”，由此找到合规管理与管理干部日常基础管理的共赢点。基于这样的共赢点，管理干部会主动以各种方式来提升和强化员工的规则遵从意识。当各级管理干部行动起来时，他们所能投入的资源、他们的创意和想法，以及他们在培养全员规则敬畏、规则遵从意识上能达成的效果，往往是超出预料的。

综上，合理利用合规考核手段，提升意识，并逐步形成规则敬畏、规则遵从的文化氛围，不仅可以确保合规规则得以贯彻落实，管理也能做到灵活而不致僵化。

2. 合规考核嵌入绩效评估

企业是一个追逐利益的组织，自然涉及价值利益的分配问题。绩效管理、考核评估、薪酬福利都是利益分配机制的组成部分。同时，企业的绩效管理体系、薪酬福利体系也能形成一种合规文化导向。中兴通讯基于合规管理的目标，基于组织和人员对企业合规管理的价值创造，将合规考核嵌入对员工和管理部门的绩效评估中，引导员工拥抱合规，用合规保障企业的商业可持续与商业安全。

3. 多样化的考核激励设置

中兴通讯在制订考核指标时，坚持“业务谁主管，合规谁负责”的原则，匹配了明确的对应责任，并为不同合规风险确定唯一的责任人。通过确保该责任人应当而且能够承担100%的责任，避免“一个和尚挑水吃，两个和尚抬水吃，三个和尚没水吃”的不良现象，切实解决责任缺失问题，树立责任导向意识。

针对部门、管理层的合规考核，由合规专业团队设定记录保存自查任务、组织实施合规培训或考试、对违规事项进行调查与处罚，并根据记录保存完成情况、合规培训完成情况与各管理单位发生违规事件的情况进行评分。

针对员工的绩效考核，同样设置了专门的“合规表现”考核项，由员工在述职报告中对考核区间参与合规培训及活动、合规要求遵守、配合合规审计或调查以及报告违规情况等进行阐述。通过对员工的合规情况进行考核和客观评价，对违规事件进行调查，将合规与违规情况作为员工绩效以及职务调动的依据。

多样化的考核激励设置，既可以促进各级管理干部对合规的重视，落实自己的合规管理责任，又可以帮助全员树立合规的理念。

第三章

出口管制专项合规实务

近年来,国际经济格局演变,特别是出口管制的泛工具化,对部分行业的全球化供应链、产业链正常运转,全球化的产业合作前景增添了许多不确定性。中兴通讯在出口管制合规治理过程中,不断探索合规如何以“低感”“无感”方式,实现安全阀作用,以保障商业可持续开展,提高业务效率,改善用户体验。在此理念下,本章将围绕风险评估、出口授权相关亮点话题,如出口管制风险管理、出口管制合规 IT 工具应用、出口管制规则体系构建及出口管制许可申请实践,逐一介绍中兴通讯在出口管制专项合规实务内容。

一、出口管制合规管理方法：五步管理出口管制风险

在出口管制风险管理方面，由于风险源于目标推进过程中的各种不确定事项，企业风险管理者面临的是不可预期的事件，风险也无法被彻底消除。因此，企业需要日复一日、不知疲惫地进行风险管理，并不时地识别外部政策变动、自身业务变化所带来的新风险。

由于企业活动的特性（围绕一系列的紧密合作和卓越执行的活动被组织起来，每一个活动都有一个准确界定的战略目标），以及出口管制风险应对的常规工具库（在业务活动开展前通过四种路径对该业务活动进行拦截，如物项、主体、国家、最终用途等），在风险的管理或者应对方面，企业出口管制风险管理步骤或者方式也有通用的最佳实践可供参考。企业在风险管理时应不断学习，避免常规防守惰性，毕竟在弹性度量企业出口管制合规风险时，只有具有前瞻意识、快速学习才能更好应对。

（一）构建出口管制合规义务震荡早期预警与解读系统

知己知彼，才能百战不殆。对于出口管制风险管理而言，企业需要掌握一套可靠的信源网络，即时了解、内部预警外部可能存在的震荡变动，以及影响企业经营的出口管制合规义务情报。

1. 出口管制合规义务震荡早期预警系统

近年来，在国际局势十分复杂的环境下，各国家政府发布的制裁以及

出口管制政策变动需要市场及企业运营给予更多的关注，特别是部分政策变动发布重点针对特定行业、主体、国家，呈现多国联盟、高精准化、高频率使用的态势。

首先，企业需要充分了解那些与自身运营紧密相关的出口管制政策变动信息获取渠道，并确保信息获取的准确性和及时性。例如，应关注相关政府部门的公告与通知，如中国商务部及其产业安全与进出口管制局和中国香港工业贸易署（Trade and Industry Department，TID），美国商业部工业安全局，美国财政部海外资产管控办公室（Office of Oversea Assets Control，OFAC），美国国务院国防贸易管制局（Directorate of Defense Trade Controls，DDTC），欧盟金融稳定、金融服务和资本市场联盟总局（Financial Stability，Financial Services and Capital Markets Union，FISMA），日本经济产业省（Ministry of Economy，Trade and Industry，METI），新加坡海关等。

其次，除了既有的出口管制政策，企业还应当对与自身运营紧密相关的出口管制政策变动趋势进行情报监测。虽然全球出口管制政策环境最近几年变动较大，但许多对企业业务经营影响重大的政策出台生效也不是一蹴而就的，它们通常会以特定事件（如地缘冲突）或者特定国家政策调整等为导火线，按照各国法律法规制定程序，逐步完善并最终发布生效。企业对于这些新兴风险识别、感知的时间越早，越能够有充裕的时间完成业务经营活动的调整甚至是转身，保障自身在后续的外部出口管制合规义务风险中存续发展下去。

2. 出口管制合规义务的解读系统

当预警存在出口管制合规义务震荡可能时，企业首先需要重点圈定政府机构发布的出口管制政策变动官方文件中的核心要点，抓取其中的出口管制合规义务变动情况，并作相应的法律解释，从而完成企业外规内化的触发输入。

出口管制合规义务的解读主要面临以下两方面的挑战：

(1)多渠道收集出口管制合规义务震荡信息的多重整合及筛选。企业出口管制合规义务震荡早期预警系统，每天可能从多渠道收集到海量的信息，很显然，零碎的信息碎片是无法帮助企业进行出口管制合规义务震荡预判的，需要企业人员将零碎信息整合，拼出外部出口管制合规义务震荡的全貌事实。例如，自 2022 年 2 月下旬俄乌冲突以来，包括但不限于欧盟、英国、日本、美国各政府机构(如 BIS、OFAC 等)发布对于俄罗斯、白俄罗斯的相关制裁措施，主要是针对两用物项、奢侈品、能源产品等方面的出口限制、投资或者特定服务行业限制，以及将特定主体或者个人指定为受限制主体等。零散的碎片式信息显示多个国家在趋近时间内对俄罗斯、白俄罗斯发起了多起出口管制限制或者经济制裁举措，如果不加整合，企业特别是全球化企业可能忽略本次制裁实质上是美国联合其全球盟友发起的一次共同制裁(因此制裁种类和具体措施上会有一定的趋同和相似性)，从而导致其采取分散资源精力、多头应对处理出口管制合规义务的错误策略。

(2)出口管制合规义务解读的可读性与易读性。企业对于出口管制合规义务的解读需要同时兼顾法律解释的全面准确性以及实际业务人员理解的弱壁垒性，这要求企业解读人员能够清晰明确地指向企业本次出口管制合规义务规范活动领域、限制行为要素条件、本次政策变动相较于以往带来的变化等。实际业务人员并不会字斟句酌地阅读、专业地应用解读文字报告,应以更好的方式与实际业务人员沟通,降低解读内容在向下传递时,由于业务语言转换所带来的信息损耗。

(二)识别企业内部出口管制合规风险

ISO 37301:2021《合规管理体系　要求及使用指南》将合规风险定义为企业违反需遵守的合规义务的风险。合规是指行为与规范的一致,"行为"对"规"的偏离将可能形成合规风险。[①] 企业内部出口管制合规风险,则是指企业基于自身业务运营活动实际情况,可能违反需遵守的出口管制合规义务的风险,即企业为自身实际业务活动分配合规义务管控时可能出现的缺失或者纰漏。从动态角度来看,企业的风险管理是在不断填补、弥合"锅"(业务活动)和"锅盖"(规则标准)的敞口大小;识别企业内部出口管制合规风险则是一个不断梭巡、丈量"锅"与"锅盖"匹配程度的过程,寻找影响它们适配差异的因素。当企业的业务活动并没有经过内部合规管控"裁剪"调整时,企业所识别的风险可被称为出口管制合规固有风险;而当企业业务活动已被内部合规管控调整时,业务活动和规则标准的敞口一般被称为剩余风险。

对于企业合规人员而言,业务运营活动的事实情况调查与资料分析等系列活动,即尽职调查,是识别企业内部出口管制合规风险的一项重要任务。不过,企业合规人员也会面临这一问题,即对于事实收集和调查需要

---

① 参见李素鹏、叶一珺、李昕原:《企业合规管理实务手册》,人民邮电出版社2022年版,第91页。

做到何种程度？其实这个问题没有统一标准、一劳永逸的答复可以提供。通过查证、询问、现场调查等方式所获取的第一层事实数据，一般以合规义务标准要求为基础，但是由于合规义务中的"Knowledge"边界的模糊性，导致企业合规人员在尽职调查活动中须付出更多努力，识别业务运营活动中的合规要点遵守异常之处（危险信号），合理质疑所获取第一层事实数据的真实性（如客户的诚意），进一步挖掘、调查并进行分析。

（三）超越企业边界，评估行业合规遵从带来的企业可持续经营影响

企业可持续经营目标可根据实际需求划分为不同的子目标，如法律法规遵从（合规）、供应链安全、品牌维护、资产流动性等。当企业面临出口管制合规事件时，如外部出口管制合规政策变动，企业合规人员除了需要关注出口管制合规风险，还需要考虑出口管制合规事件对于企业其他可持续经营子目标的冲击影响。

假设A实体被列入实体清单，A实体的客户询问A实体"此次出口管制合规事件对于贵公司的可持续运营目标是否会带来影响"时，客户对于A实体的关注点在于A实体上游供应链的稳定而不是A实体本身的合规事项，包括A实体从上游供应商处采购物项的受影响情况，特别是那些无法短期替换、对A实体的生产造成重大影响的情形。可以看到，基于企业可持续经营目标考虑，分析出口管制合规事件对于企业的影响，需要审视行业特别是供应链上下游合规对于企业自身经营所造成的影响。

此时，A实体针对客户担忧事项，可参考如下模板回答：

1. 公司所处的产业链条可能受到本次出口管制合规事件的冲击（××

影响),考虑到公司所处产业链的合作伙伴本身遵守本次更新的出口管制合规义务的需求,导致其提供的××商品服务/采购我们的××商品服务等策略调整。

2. 这些被限制提供/销售至公司的××商品/服务主要(有/无)影响公司××业务领域运营(如××产品/项目/合作交流等);如有影响,公司目前已设置短/中/长期应对方案,保障公司的供应链活动稳定。基于此,目前公司供应链安全风险可控。

当然,这一回答的基础在于A实体对于自身供应链安全有全面、客观的认识,全面了解所采购、使用物项的出口管制管控情况,如技术参数、商品属性以及出口国/地区、ECCN信息、拟采购物项生产或代理商信息等,客观了解A实体供应链弹性稳定的缺漏之处,尽量提前建立备用供应链,防患于未然。

(四)学习和调整企业出口管制合规风险应对策略

企业在应对出口管制合规风险时,应当充分考虑企业现有可利用资源、利益相关方对于风险的容忍程度、合规整体面之中各个合规义务之间的协调等,在收益与成本之间进行权衡,寻找并实施最佳的风险应对策略方案。风险的应对本质在于一种内部的控制活动,是对企业成员行为的规范及约束,用以抵抗企业所面临的外部风险真实转变为现实危害的可能。通常针对特定风险的应对措施包括(也可能是多项组合):(1)决定停止/暂停有风险的相关业务活动;(2)同意承担风险以追求业务机会;(3)消除风险源;(4)降低风险发生概率;(5)降低风险后果的影响程度;(6)转移或分担风险后果(例如通过合同,购买保险来转移风险);(7)不采取任何措施。①

对于企业出口管制合规风险,其风险值大小主要由三要素衡量,包括对企业运营的影响程度、风险转变为危害的可能性、既有管控措施的有效性。因此,针对企业出口管制合规风险的企业应对措施也是从以上三要素进行策划,而风险应对策略主要有以下表现形式:

1. 风险可控,无须采取额外措施。企业判断,企业出口管制合规风险三要素中,至少有一要素值较小。例如,在美国 BIS 军事最终用户、军事最终用途(MEU)制度不断更新、管制趋严的情况下,如果企业内部的既有管控经评估,对于更新后的 MEU 规则依旧可以起到有效管控,那么可以得出结论,企业针对 MEU 合规义务的剩余风险可控。当然,当企业采取此决策的原因为风险转变为风险的可能性极小时,企业决策者们还需要关注黑天鹅事件,避免极小概率出口管制合规事件对企业造成覆灭性打击的可能。

2. 企业需采取措施降低风险值。当企业识别到其出口管制合规风险已超过其风险容忍程度时,企业则需要采取措施降低风险值,企业降低风险值的方式也有多种:(1)通过对业务活动新增管控点、调整合规审核内部政策等方式,降低风险转变为危害的可能性,目前这种方式是企业内部控制的常见使用手段;(2)通过及时识别疑似违规活动,将其扼杀于萌芽或者向政府机构做好披露,以降低对企业的可持续经营影响;(3)如果企业极度厌恶风险,可以通过关闭带来风险的相关业务活动,从源头解决风

① ISO 31000:2018《风险管理 指南》,第 6.5.2 节"选择风险应对备选方案"。

险;(4)风险不再通过内部进行消化,而是通过合同等方式进行财产资源或者企业人格独立,向企业外转移风险。

随着企业面临的风险的动态变化(如外部环境、业务经营活动等变化),企业在出口管制合规风险应对策略上需要依据风险对企业的影响大小以及风险转变为危害的紧迫程度等实际情况予以调整。

2021 年 1 月 14 日,美国国务卿在声明中确认苏丹已从美方的“支持恐怖主义国家”中正式移除,并相应修订了《出口管理条例》(EAR)。去往苏丹的受 EAR 管辖物项不再具有反恐(AT)管控原因,发往苏丹的外国制造物项受 EAR 管辖的比例从 10% 上调至 25% 等,这些调整表明苏丹不再受到美国法律或全面制裁下特殊的出口管制限制。

该规则变动之后,中兴通讯相应调整了内部的出口管制合规政策。基于法律规定、历史原因、业界的惯常操作和风险偏好等考量,中兴通讯出口管制合规基本政策中设定了一项禁止交易的国家/地区的规定,要求在业务和交易中遵守这些要求。由于之前苏丹在 EAR 中位于 E1 组,大部分受 EAR 管辖物项去往该地有许可要求,在可从事的业务范围非常有限的情况下,中兴通讯将其列为禁止交易的国家/地区,该不开展业务的决定是谨慎遵从外部规则的保守决策。在外部规则调整后,中兴通讯评估后将苏丹移出内部的“禁运国家”名单,发布了一份增补附录替代政策中的相应内容。

(五)系统化方式管理以及弹性度量企业出口管制合规风险

随着企业业务经营活动覆盖区域越发广泛,业务经营模式及交易参与方成员背景趋于复杂，企业经营行业所涉及产品越为高端精尖，企业所面临的总体出口管制合规风险呈指数式增加。一方面，企业需要思考如何采取制度化、体系化的管理方式，保障企业日常业务活动都能经过合规标准筛选（合规管控点设置），完成业务活动与合规审核之间的信息交互，保障企业日常业务活动能以最优方式经合规人员进行合规管控“裁剪”，实现企业的风险容忍度在企业内部的认知统一；另一方面，企业还需要在有效合规基础上思考如何带领企业走向高效合规，在确保规则得到有效执行的基础上进一步实现降本增效。①

因为在动态的外部出口管制政策变动的环境中，极其稳定、无法变动或者调整的合规应对措施，意味着企业出口管制合规管理的脆弱性。企业应当做好准备，即使既有出口管制合规应对措施部分失效，也应具备保持企业合规管理持续运转，并且快速调整至日常状态。例如，2022 年美国 BIS 开始增强对“外国直接产品原则”这个工具的使用，某种程度上也为企业识别受 EAR 管辖物项带来进一步挑战与冲击，学习型企业基于对“外部直接产品原则”新兴风险的敏锐识别，其合规团队可能与企业业务团队就产品研发、生产制造等有更深刻的交互活动。

二、出口管制合规数字化：IT 化助力出口管制合规管控

在完成出口管制合规体系的初步搭建后，需要将合规的要求有效嵌入

① 参见申楠：《合规风控的认知和管理进阶之路》，载微信公众号“合规小叨客”2022 年 7 月 19 日。

业务的实际运行中，即对业务流程进行适当的管控，包括线上的系统管控和线下的人工审核。在讲究效率的现代商业活动中，IT 化管控无疑为规模体量大、交易频繁的实体遵从合规要求带来了便利。近年来，中兴通讯着力构建出口管制 IT 化合规管控系统，为有效识别风险、防范风险、提高合规效率、促进合规政策落地提供了重要保障。

（一）出口管制合规 IT 化的优势

1. 提升合规风险筛查的准确性和效率

合规效率影响合规的有效性。出口管制合规 IT 化建设，有利于提升合规效率，降低其对业务的影响。反之，缺乏合规的 IT 化建设，会导致业务合规成本上升，甚至影响业务正常进行。企业出口管制合规，归根结底是业务的合规，是为了公司更好、更平稳地发展。要保证业务合规，无可避免地会影响业务效率，因此要平衡好二者的关系。合规的效率是影响合规有效性的重要因素，一旦合规效率过低，导致业务根本无法开展，那么必然会受到业务部门的抵触，甚至导致公司发展停滞、倒退。

通过自动扫描系统对客户、供应商、银行等合作交易方进行筛查和管理，能够有效识别涉及全面禁运限制的国家/地区的交易或受限制的实体或个人，既避免了人工筛查的疏漏，保证扫描的权威性和准确性，又实现了以系统代替人工初步审核，降低合规人员的工作量。

但自动化扫描也存在疏漏。2019 年 11 月 25 日，OFAC 宣布与苹果公司达成466,912 美元的和解协议。[①] 根据 OFAC 与苹果公司之间的和解协议,2008 年苹果公司与受限制主体、一家总部位于斯洛文尼亚的应用程序开发商 SIS doo[②] 签订了应用程序开发协议。苹果公司称,使用制裁扫描工具对主体进行扫描时,系统未能将其系统中记录的大写的"SISDOO"与 SDN 主体 SIS doo 匹配,未能识别该受限制主体。可见,系统在为合规审核带来便利的同时,由于字段设置等原因,可能漏掉风险项,所以改进系统、校验系统,做有效的 IT 化管控亦是合规建设重要的事项。

IT 化合规管控平台的建立,不仅保证出口管制合规专项计划的平稳运行,而且有利于提升效率,随时获知改进需求,保证公司的出口管制动作及轨迹等相关记录的完整性,便于配合开展合规审计以及向外举证、得到合作伙伴的信任。

2. 全面准确地识别风险是实现合规有效性的前提

出口管制 IT 化建设,有利于风险识别的准确性和全面性。缺乏 IT 化建设,仅依靠人工筛查,可能有所疏漏,缺乏权威性。全面而准确地识别风险,是实现合规有效性的前提。如果风险都无法识别,或有所疏漏,则很难说实施了行之有效的合规计划。众所周知,系统之所以可靠是因为一旦设定统一的出口管制合规标准,系统会按此标准统一执行,几乎不会存在遗漏。但是人工筛查,由于业务数量庞大,要逐单地全面筛查,难免会有疏漏或者审核尺度不一,因此一定程度上会缺乏权威性和准确性。

---

① See *Settlement Agreement between the U. S. Department of the Treasury's Office of Foreign Assets Control and Apple, Inc.* (Nov. 25, 2019), https://ofac.treasury.gov/recent-actions/20191125.

② 2015 年 2 月,OFAC 将 SIS 公司及其主要所有者 Savo Stjepanovic 列入了黑名单,原因是涉嫌加入国际类固醇贩运网络。

在对产品进行自动化扫描之后，应针对系统识别出的潜在风险项，结合客户信息、用途等信息，进一步核查营销合同、供应链、财务等业务信息，通过合同、告知函等手段辅助降低合规风险，以保证业务符合出口要求。在自动化合规筛查中，大部分合规的业务和合作伙伴可以自动快速通过，只有少部分存在合规风险的情况由出口管制合规的专业人员介入和处理，可以提高合规的效率，也减少对公司业务的影响。

3. 确保出口管制合规真正落地的重要保证

合规不能仅仅是落在纸面上，更要实现对业务合规管控的切实落地。出口管制合规信息化建设，是实现出口管制合规落地的重要保证和措施，是实现有效合规的要求和途径。在出口管制合规实践中，当前很多出口管制合规实践前沿的公司，在接受监管方处罚和达成和解协议时，均被要求建立相应的出口管制 IT 化合规体系，如自动化筛查工具、合规系统与业务系统对接、将合规管控点嵌入业务流程、搭建风险评估平台等。出口管制合规信息化有利于实现合规与业务的统一，提高合规效率，保证合规筛查结果的可靠、准确和权威，从而建立有效的合规计划。建立有效的合规计划，是合规不起诉的要求之一，所以出口管制合规 IT 化建设也是达到监管机构合规不起诉目的的必要前提。

综上所述，出口管制合规 IT 化建设是合规效率和可靠性的必然要求，是合规有效性的保证，是获得减轻处罚或者免予处罚的重要证据来源。缺乏合规 IT 化建设，往往会导致合规管控的失控、合规风险的出现，无法实现合规的价值和目的。

(二)中兴通讯的出口管制IT化合规管控思路

中兴通讯持续探索IT化的出口管制合规管控方案,包括合作伙伴及产品管理IT化、合规筛查自动化、合规管控平台一体化。

1. 合作伙伴及产品管理IT化

中兴通讯从客户、供应商等合作伙伴及产品等维度出发,打造合作伙伴和产品的管控平台,后续对接合规自动化筛查工具,进行风险识别和管控。

中兴通讯将客户等合作伙伴按照合规筛查结果、股东信息、涉及合作领域用途等维度进行风险分级,打造合作伙伴画像,形成合作伙伴主数据管理系统以便于筛查使用。针对产品,通过出口管制编码分类将产品的主要信息,如价格、用途、层级、ECCN分类编码、许可证或许可例外等进行统一管理,形成产品主数据管理系统,既可以提前识别产品存在的合规风险,也能够为后续业务中的合规筛查奠定基础,提高后续筛查的效率。

2. 合规筛查自动化

对涉及业务的受限制主体、禁运国、用途和产品自动化筛查,主要包括两个层面:一是针对上述合作伙伴及产品主数据管控平台的主数据筛查,如审查该合作伙伴是否为受限制主体、是否涉及禁运国、是否涉及军事主体,该产品是否涉及军事用途、是否属于高管控级别的产品等,以便在业务发生之前做出预判;二是对正在发生的业务进行逐单的自动化筛查,如签订销售合同时,对合同的主体、合同产品的用途、合同的目的地、合同涉及的产品进行自动化筛查,或发货时对出口管制四要素进行自动化筛查,以识别实际业务中的风险。

出口管制合规自动化筛查工具,一方面,通过与上述合作伙伴及产品的主数据管理平台对接,可以在交易发生前预先识别涉及的出口管制风险,有更多时间应对合规风险,保证业务顺利进行,降低对业务的影响;另一方面,通过自动化筛查,可以全面管控发生的业务交易,确保合规管控的全面性、准确性,提高合规管控的效率。

(三)中兴通讯的出口管制 IT 化合规管控方案

中兴通讯主要通过 GTS、ECCN 和 ECSS 三个系统进行全方位的 IT 化出口管制合规管控。根据公司合规制度需求,利用工具实施合作伙伴受限制主体筛查、禁运国筛查、产品筛查以及用途风险筛查。以自动化合规筛查工具为核心打造合规管控平台,识别合规风险,促进合规审核自动化。当系统认为有合规风险时,将锁定业务单据,中止业务流程,经合规专家人工介入进行尽职调查和合规分析得出最终结论后,由系统依据此结论释放或终止该业务。

1. 合规管控一体化

将所有合规管控动作(合规审核、合规咨询、合规监控、合规筛查、合规审计等)集中到线上进行,打通合规管控与业务系统,将合规管控节点嵌入业务流程中,实现合规管控的线上统一,保证合规管控动作的有迹可循。

打造出口管制合规管控平台可以实现合规管控动作的集成化,适应当前企业主营业务 IT 化的发展趋势,实现业务合规管控的线上化、标准化,提高合规管控的效率和管理水平；有利于对合规管控情况进行实时监控，及早发现问题，及时向业务部门预警，避免合规事件的发生。另外，合规管控平台也有利于合规记录保存，保证每个动作的可追溯性，一旦出现合规事件，可以作为主观无恶意的证据，向监管机构申请豁免，以避免或减轻处罚。

2. GTS（Global Trade Services）系统

GTS 是 SAP 公司（全球领先的业务流程管理软件供应商之一）提供的全球贸易管理解决方案，其中的合规管理自动化可以帮助公司应对出口管制合规风险。中兴通讯引入的 GTS 合规管理（Compliance Management）模块，主要负责特定的出口相关控制的检查，以帮助公司满足合规管理系统自动化的要求。在出口管制合规管控方面，中兴通讯使用的三个功能如下：

（1）受制裁国家/地区检查——对所有涉及受制裁国/地区业务的文件和交易进行拦截；

（2）受限制主体扫描——对交易方进行扫描筛选，判断其是否受美国和其他政府制裁；

（3）许可证管理——根据受控程度分析和占比计算，判断其是否受 EAR 的管控以及出口许可证例外是否适用。

出口管制信息化合规解决方案确定后，为规范业务系统 GTS 对接工作，减少来回沟通工作量，避免各类变更对已有业务和 IT 系统的冲击，保证业务的合规性、合规数据和 IT 系统的可用性与一致性，GTS 对业务系统进行了管控，要求业务首次对接 GTS 或者已对接业务的规则、IT 系统发生变更前，须取得系统维护合规人员同意后方可启动。

在实施前要联合相关业务系统的业务人员、IT 技术人员进行充分的沟通,将合规要求"翻译"为业务语言、IT 语言,以便业务和 IT 人员可以更好地明晰合规需求,配合系统开发、对接和联调测试,保证落地后的实施方案既能够满足合规要求,又不影响业务正常运行,还有利于业务效率的提高。在合规信息化系统开发和联调测试时,要重点关注合规需求的实现和对业务的影响,并及时调整参数、匹配率等内容,既要保证不遗漏、没有合规风险,又要降低对业务的影响,尤其是锁定业务单据、合作伙伴、产品的情况,实现合规和效率的平衡。在联调测试完成后,最好进行一定时期的灰度测试或试点运行,保证系统上功能的可用性、合规的完整性,评估好对业务的影响。

3. ECCN(Export Control Classification Number)系统

作为合规工作的一部分,中兴通讯向客户和业务合作伙伴提供适用的出口管制分类编码(ECCN)、含有美国原产受控成分的物品的最小占比计算,以及受 EAR 管辖的产品的其他出口管制信息。

ECCN 管控系统是中兴通讯自主研发的 ECCN 分类系统,提供中兴通讯产品出口管制分类的电子流程,并保存中兴通讯产品出口管制分类的过程信息和分类结果,同时提供展示和查询中兴通讯有效产品部件、组件及采购件的出口管制信息的功能。

有两个渠道可以访问 ECCN 系统:一个是中兴通讯官网,面向所有中兴通讯官网用户开放,可通过"产品代码""产品名称""产品型号"三种方式查询已经发布的产品 ECCN 分类信息;另一个是 ECCN 系统,系统面向中兴通讯员工开放,可实现产品 ECCN 分类的申请、确认、审核和发布的电子流程,以及单一条件、组合条件、模糊查询等多种方式查询产品出口管制分类信息等核心功能。

ECCN管控系统具备四个核心功能:一是分类功能,即提供中兴通讯产品出口管制分类的电子流程;二是查询功能,即在内网和外网查询ECCN分类结果;三是规则引擎,实现ECCN分类结果查询界面中的"是否受EAR管辖""是否可用""代码级ECCN标志"的规则设置和判定;四是数据服务,提供全量和增量的数据同步机制,实现产品数据的维护系统如供应商关系管理系统(Supplier Relationship Management,SRM)、产品数据管理系统(Product Data Management,PDM)与ECCN系统中的数据的完整性、准确性、一致性校验,对外围业务系统提供实时的产品ECCN分类信息,实现业务节点的系统管控。

4. ECSS(Export Compliance Screen System)系统

在GTS系统运行3年后,随着对合规IT化的不断探索,中兴通讯更期待一款在具备综合管控功能基础上进一步俭省合规成本的工具。为了更好地遵从全球出口管制规则,保证合规管控措施落地,实现合规管理过程可控可追溯,并兼顾做到业务零感知和合规投入可控,中兴通讯自主研发开发了ECSS系统。这是国内首款出口管制系统,也是全球首款轻量级SaaS出口管制商用系统,支持多法人主体,支持全球出口管制规则的配置以及用户个性化设置。结合全球出口管制的管理特点,ECSS集成了分类、产品扫描、受限制主体扫描、禁运国扫描、数据与审计报表输出功能。

总体来看,中兴通讯根据内部合规政策制度和业务情况,利用GTS、ECCN、ECSS系统,打造出口管制合规管控平台,制订完整的IT化合规解决方案,与外围业务系统对接进行管控,以实现公司合规政策制度的落地、确保业务合规。

三、出口管制规则体系建设:体系构建、维护与实施

美国司法部的合规体系评估指南认为,任何妥善设计的合规体系都需要制定政策(Policies)和程序(Procedures),既能呈现道德规范的内容,又能使之产生效力,处置并降低公司在风险评估过程中识别的风险。[①]中兴通讯的出口管制规则体系建设主要围绕出口管制规则体系的建构、维护和出口管制规则的实施与应用展开。根据中兴通讯的《出口管制合规政策》,中兴通讯完全遵守所有可适用的法律法规,包括出口管制和经济制裁法律法规的各项规定。基于可适用的出口管制和经济制裁法律法规要求以及自身的风险偏好,中兴通讯制定了内部的出口管制合规管理规范,以书面形式记录了一系列内部出口管制合规程序。这些书面形式的合规程序及合规政策,按照一定的逻辑架构共同组成了中兴通讯的出口管制规则体系,明确向公司全体员工传达了出口管制合规遵从的态度、出口管制相关风险以及相应的风险管控要求。此外,中兴通讯按照一定的机制对所制定的规则进行及时更新和维护,并将规则要求嵌入公司"线索到回款"(Lead to Cash, LTC)、"高效产品开发"(High Performance Product Development, HPPD)和供应链等主流程中,将责任落实到涉及出口的各部

① See U. S. Department of Justice Criminal Division, *Evaluation of Corporate Compliance Programs*, https://www.justice.gov/criminal-fraud/page/file/937501/download.

门职责之中。为了加强公司员工对出口管制规则的了解，使出口管制规则能够更好地指导员工合规地开展工作，中兴通讯也积极采取多种形式对出口管制规则在公司内部进行宣传推广，增强全体员工出口合规意识，以及对自己所处工作岗位在出口管制合规风险中角色的理解，真正地在企业内部赋予出口管制规则体系生命力。

（一）出口管制规则体系的建构

中兴通讯以全面风险评估为依据构建出口管制规则体系，包括明确可适用的出口管制和经济制裁法律法规要求，以及自身业务活动所存在的相关合规风险，将外部法律法规要求转化为贴合自身组织架构和业务特点的内部管控规范，并对公司内部出口管制合规项目进行完整而严密的规定。这一规则体系由不同层级的规则构成，既明确传达了公司管理层对出口管制合规的态度，规定了公司的出口管制合规机制、合规原则以及合规项目等，使员工对出口管制基本知识以及公司的出口管制合规工作产生整体、全面、概括的认识，也详细具体地指引员工遵循具体业务活动和业务场景下的合规要求。

1. 出口管制规则体系架构

在中兴通讯的出口管制规则体系中，从效力位阶来看，自上而下分别是出口管制合规政策、出口管制合规手册（包含总册、业务分册和子公司手册）和操作指引（包含原则性指引和场景化指引）。出口管制合规政策体现公司的出口管制合规目标和基本原则，在出口管制规则体系中居于核心和最高地位。出口管制合规手册中的总册是公司业务开展所依据的出口管制合规总则性指导，分册则是将总册中的要求结合具体的业务领域和业务活动进一步细化。操作指引,是根据实际业务需要,进一步制定的更具有针对性的规范。

在整个规则体系中,政策和总册处于类似于“宪法”的地位,其中包含原则性和一般性规定,体现了公司整体合规取向,对比业务分册和操作指引,处于比较稳定的状态,不会随着业务流程的频繁变化而做出修订。业务分册和操作指引,则类似于法律体系中基于上层宪法制定的法律法规,在不违背“宪法”的情况下可以结合业务实际作出更加具体的规定,即处于下层位阶的规则不得与上层规则相违背,上层规则修订时下层规则也会进行相应调整。此外,业务分册和操作指引更加贴近业务实际,也会根据业务的最新情况进行及时调整。

2. 出口管制规则的内容

(1)出口管制合规政策

中兴通讯的出口管制合规政策明确表明了出口合规对于中兴通讯业务的重要性。出口合规是每个人的责任,员工应当与合规部门一起合作,使公司能够合法合规地开展业务。通过每个人对出口合规的奉献,中兴通讯一直在为我们的客户、股东和员工创造价值,用实际行动表明合规不仅可以守护价值,还可以创造价值。

出口管制合规政策还明确传达了公司管理层对遵守出口管制法律的承诺,以及对公司全体员工的政策要求。公司管理层对出口合规项目予以全力支持,并承诺提供充分的资源以确保持续遵守可适用的出口管制和经济制裁法律法规。此外,合规政策明确告知,违反出口管制和经济制裁法律法规可能导致严重的刑事或民事处罚,公司对违反这些法律法规、出口管制合规政策以及公司已建立的相关流程的行为采取零容忍的态度，违规员工和合同工将面临纪律处分或遭到解雇。同时，合规政策为员工提供了多种合规举报途径，并明确表明在任何情况下，任何员工均不会因善意举报实际或潜在违规行为而遭受报复。

(2)出口管制合规手册与操作指引

出口管制合规手册作为中兴通讯出口管制合规的最高指导文件，规定了中兴通讯必须满足的出口管制要求，由三部分组成：总册、业务分册和子公司手册(见图3-1)。其中，总册作为公司级手册，陈述了公司通用出口管制合规政策和整体要求；业务分册是在总册的基础上，引入业务场景后的进一步细化，是对总册中风险描述和管控的场景化要求，明确业务领域中常见业务场景下的合规风险及合规管控要求及管控方案，并对部分较复杂或特殊场景加以案例辅助说明；子公司手册则是在参照总册和业务分册的基础上，结合子公司自身业务特点进行定制，形成更适合于子公司业务特性的出口管制合规手册。

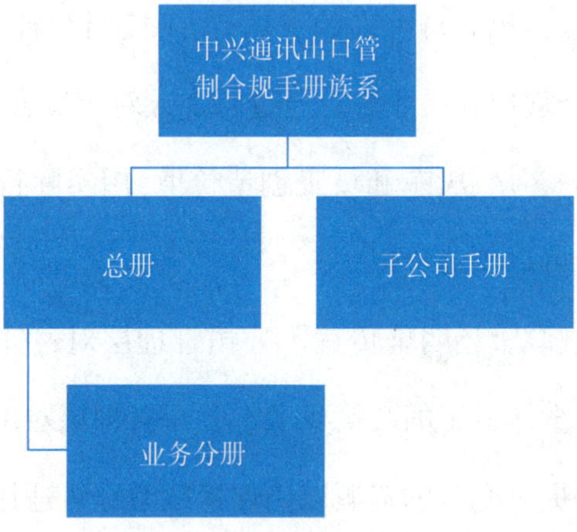

图3-1 中兴通讯出口管制合规手册族系

总册的内容主要包括四个部分：概要、出口管制合规机制、出口管制基本原则和中兴通讯出口合规项目。其中，概要部分介绍了手册的目的、适用范围以及应用方法。出口管制合规机制部分，包括中兴通讯出口管制合规政策、出口管制合规规则体系、出口管制合规的协同工作机制以及出口合规项目。出口管制合规政策以及规则体系前文已有介绍，在此不再赘述。中兴通讯出口合规协同工作机制主要分为四层，分别是首席出口管制合规官（Chief Export Compliance Officer，CECO）、出口管制合规部、BU 合规团队和出口合规联络人，其总体分工如下：首席出口管制合规官负责公司出口管制合规工作；出口管制合规部由首席出口管制合规官领导，主要负责出口管制规则、标准、场景化问题指引的制定及出口管制合规有关任务的下发；BU 合规团队主要负责出口管制规则、标准和指引的落实及出口管制任务的策划、推动；出口合规联络人按照出口管制合规部及 BU 合规团队、所在实体及业务单位对其的要求，主要负责出口管制规则、标准和指引的传递及有关任务的执行。对于需上升决策的出口管制合规问题，则根据合规上升决策机制，按照出口合规联络人—BU 合规团队—出口管制合规部/首席出口管制合规官的路径逐层上升解决。

出口管制基本原则部分包括是否受 EAR 管辖或受到出口管控的判断逻辑、出口管制四要素、危险信号，以及中兴通讯的出口管制合规工具。中兴通讯充分认识到出口管制合规风险主要围绕四个要素产生，即物项、主体、国家或地区以及最终用途。对于物项，中兴通讯建立了一级、二级和三级 ECCN 分类专家梯队，从事 ECCN 分类工作，并对负责分类工作的员工提供支持。对于主体，中兴通讯对业务活动中涉及的主体进行筛查，以确定当事方是否被列在“受限制主体”的相关清单上。除政府机构发布的

“受限制主体”名单外，中兴通讯也根据潜在风险创建并维护自己内部的“受限制主体”名单，如“中兴灰名单”。

中兴通讯基于相关政府主管部门的指南建立了自己的出口合规项目（Export Compliance Program，ECP），有效的ECP可以帮助公司将出口管制合规要求嵌入业务流程中，从而最大限度地降低贸易活动违反出口管制和经济制裁法律法规的风险。中兴通讯的ECP包含八项要素，分别是管理层承诺、风险评估、出口授权、记录保存、培训、审计、处理出口违规行为并采取纠正措施以及创建并维护出口管制合规手册。

除总册外，目前中兴通讯的出口管制合规手册共包含13个分册，如研发分册、供应链分册、销售及市场营销分册、工程服务分册等。分册是在总册原则性指导要求基础上更加具体细化的规定，主要围绕各种具体业务领域或特定业务活动，具体梳理该业务领域具有出口管制及经济制裁风险的所有业务活动，及其在出口管制四要素维度下的合规风险全景图表、具体风险以及相应的合规管控要求及管控方案。在具体业务活动中，也明确指明与业务活动相关的合规管控要求在业务实践中的落地实施规范，主要分为包含合规管控要求的业务流程规范以及更加具有针对性的合规指引，如《中兴通讯出口管制合规语言管理规范》《过境美国运输活动出口管制合规指引》，能够给予一线业务人员更加具体、明确的指导。

（二）出口管制规则体系的维护

1. 制定出口管制规则体系维护机制

中兴通讯制定了内部机制对出口管制规则体系予以维护，使其能够发生实际效用，保有生命力。出口管制合规政策主要表达了公司的合规取向和基本原则，内容需要保持稳定，一般不予调整修订。出口管制合规手册和操作指引作为更加具有指导性的规则，是在外部法律法规要求、内部出口管制合规工作机制以及公司实际业务状况基础上制定的，目的是有效管控在风险评估过程中识别出的公司业务活动所存在的合规风险。规则制定之后经过评估若不能实际达成有效管控相应合规风险的目的，则需要重新审视。如果规则本身存在不足，如不能有效覆盖相关合规风险或不具有可实施性，则需予以调整直至最终达成规则制定的目的。如果是规则在执行层面存在问题，则需要审核下层规则是否完全落实了上层规则的要求以及规则执行单位的执行力问题。如果是作为规则制定基础的外部法律法规、内部出口管制合规工作机制以及公司实际业务状况发生了变化，则也应当及时对现有规则进行评估，决定是否需要进行相应调整。从规则修订的频次来看，在规则体系中，越处于底端的规则修订频次更高，以充分贴合业务实际；越处于上层的规则修订频次越低，以保持宏观政策和原则的相对稳定。总之，规则内容需要进行时常审视评估，必要时予以更新以贴合实际，从而真正发挥指导公司业务合规运营、公司每位员工合规开展工作的效用。

2. 中兴通讯出口管制规则体系优化实践

随着公司内部规则建设的不断完善，规则数量越来越多，规则层级结构也变得更加复杂，中兴通讯采用宏观和微观结合的方式对整个规则体系进行审视，以规则制定单位自上而下和执行单位自下而上的方式开展，审视内容包括整个规则体系的逻辑架构和内容是否能够实现自洽，规则本身是否具有必要性、合理性和有效性。其中，必要性是指审查规则与风险之间的关系，即规则是否能够有效覆盖风险，以及哪些规则是冗余的，存在重复、无实质意义管控的情况；合理性是指合规管控要求是否与业务实际相匹配，是否能以更低的管理成本达成管控目的，实现效能最优；有效性即所有管控设置是否有效，包括管理有效性和执行有效性。

为了促进合规手册与外界的互动，推动合规手册在各方面的应用，以及从多个渠道充分发掘手册规则在应用过程中的待完善点，中兴通讯建立了合规手册实践社区（Community of Practice, CoP），其中包括政策法规—手册实践社区、ECP 八要素—手册实践社区、业务领域—手册实践社区以及内外部检查建议—手册实践社区。

（1）政策法规—手册实践社区

外部法律法规时常会发生变动，内部政策也会根据需要发生调整。上述变动调整也应相应地体现在手册所包含的内部出口管制合规要求中，以得到切实落地和执行。因此，中兴通讯建立政策法规—手册实践社区，对外部法规及内部政策进行定期的跟踪、评估，确保外部法规、内部政策的变动得到及时跟进且被充分评估，并以适当的形式体现在手册中。

（2）ECP 八要素—手册实践社区

出口管制合规手册对内部出口合规项目进行了完整而严密的规定，中兴通讯建立 ECP 八要素—手册实践社区对各要素按手册要求的执行情况进行跟踪，并将实践中发现的手册中有待完善的相关内容予以及时反馈。

（3）业务领域—手册实践社区

出口管制合规手册总册和分册均包含对业务活动的合规管控要求，根据需要，也会结合业务场景将手册中的要求进一步具体细化，制定合规操作指引。中兴通讯建立业务领域—手册实践社区，检查手册要求在下层业务指引以及业务执行过程中的落实情况，同时收集业务单位在执行但未体现在手册中的管控动作，评估其合理性并拟定计划增补在手册中，确保手册要求与业务操作的动态一致。

(4)内外部检查建议—手册实践社区

除上述渠道外，内外部合规审计团队以及其他管理团队也会对手册提出改进建议，中兴通讯建立内外部检查建议—手册实践社区对上述建议予以记录跟踪，定期刷新建议执行情况，帮助手册更好发展。

(三)出口管制规则的实施与应用

出口管制规则只有在公司内部得到切实实施与应用，才能真正发挥其生命力，实现规则制定的目的。其主要体现为：公司员工了解规则内容，树立合规意识，合规地开展工作，公司范围内形成合规文化；合规要求嵌入公司的业务流程中，成为业务流程的一部分，在业务活动中自然而然地实施出口管制规则所要求的管控动作，并能够在发现存在不合规风险的情况下暂停或停止业务活动，真正实现有效管控公司运营过程中合规风险的目的。

1. 规则要求嵌入业务流程

为了切实落地执行出口管制规则要求，中兴通讯在LTC、HPPD等业务流程中确定合规关键管控点并嵌入合规管控要求，具体涵盖研发、采购、营销和市场销售、生产制造、交付、收付款、返修维修等业务活动。

(1)HPPD 业务流程中的出口管制合规管控

HPPD,即高效产品开发,是中兴通讯采用的企业级端到端的产品研发管理体系,涵盖产品规划、产品开发、需求管理等产品创新过程和活动。中兴通讯在 HPPD 产品生命周期流程中的关键技术评审点嵌入出口管制合规管控点,保证中兴通讯的研发活动满足公司整体的出口管制合规要求。在 HPPD 业务流程中,涉及出口管制相关风险的主要包括研发物项管理、研发项目管理、研发对外活动三大类活动。

研发物项管理是对研发活动中使用的或者构成研发交付物组成部分的物项进行管理的活动,包括从物项引入研发领域直至离开全过程的管理。其中,物项包括实物、软件和技术,需要合规管控的业务环节主要包括研发物料引入、研发物料在用/在库、研发物料外发、研发物料报废以及技术管控。在研发物料引入时,需要向供应商确认该物料的出口授权信息,并对供应商进行受限制主体扫描。研发物料在用/在库期间,需要定期盘点、追踪记录受管辖/管控物项情况,并对其进行安全保管。对于许可证物项,则需要遵守许可条件使用。在研发物料外发时,需要审查目的地/途经地是否涉及“受制裁国家/地区”,物料的最终用途是否涉及“受限制的最终用途”,收货人或最终用户是否涉及“受限制主体”,以及发送到该目的地是否已获得适当的出口授权。在研发物料报废时,需要审查转移给第三方实体报废是否已获得适当的出口授权,许可证物项需要遵守许可证条款中的限制条件。对于研发项目中所涉及的技术,需要提前识别是否受到管辖/管控,如果是受管辖/管控技术,则需要确认出口管制信息,并制订相应的技术管控计划。研发人员向公司外部实体发送技术文档、与外部主体进行技术交流之前,应审查所涉及的技术是否受到管辖/管控、接收主体以及交流对象是否为“受限制主体”。

研发项目管理是采用项目化运作方式,对研究与开发活动进行组织和运作。研发项目运作的过程包括立项、项目变更、项目成果发布、技术评审等活动。在项目立项环节,需要审查项目的开发计划中目标市场是否涉及“受制裁国家/地区”,目标客户是否涉及“受限制主体”,以及目标用途是否涉及“受限制的最终用途”;对于项目组成员,应识别是否有“美国人”或有来自“受制裁国家/地区”的员工;对于项目所涉及的技术,应识别是否包含受管辖/管控技术。另外,如果材料选型计划选用许可证物项,则需提前准备,以免因出口授权问题影响后续开发和生产。在研发项目立项完成后项目实施过程中,如果发生了项目变更,则应对前述相关风险进行重新评审。研发项目输出成果时,应确认产品的组成信息,以便进行最小占比计算,从而判断是否受 EAR 管辖。

研发对外活动主要包括与外部实体合作研发以及对外交流。如前所述,在开展这些活动时主要需要关注所涉及物项是否受管辖/管控,合作主体或交流对象是否涉及“受限制主体”。

(2)LTC 业务流程中的出口管制合规管控

LTC 业务流程主要涵盖营销和市场销售、生产制造、交付以及收款等业务活动。在营销阶段,中兴通讯的出口管制合规管控要求主要包括:在营销项目立项时,需审查客户、最终用户及项目已知的第三方是否涉及“受制裁国家/地区”或“受限制主体”,项目是否涉及受限制的最终用途,是否涉及“高风险司法管辖区”①；在损益测算阶段，根据客户需求输出解决方案时，需要获取方案涉及的物项是否受管辖/管控的信息；在签约阶段，由于从项目立项至客户签约持续时间通常较长，仍然需要对客户、最终用户、最终用途及销售物项相关风险进行再次审核，另外还需要审核合同或订单中是否包含出口管制合同语言，存在风险的客户是否已签署《最终用户、最终用途、最终目的地声明》，受管控物项是否已获得出口授权。

生产制造阶段涉及出口管制合规风险的活动主要包括仓储配送和生产统筹。仓储配送过程中如果涉及许可证物项，需要按照相应要求进行储存、移动、转移等活动。生产统筹环节如果引进新的合同制造商，需审查其是否涉及“受限制主体”或“受制裁国家/地区”，且与其签订的协议中需要包含出口管制合规语言。

在交付业务活动的发货环节，需审查收/发货地址是否涉及“受制裁国家/地区”、收货人/发货人/客户是否涉及“受限制主体”、货物的出口管制信息及是否已获取适当的出口授权。如需引入新的物流服务商，则应完成供应商认证流程，同时也应完成“受限制主体”及“受制裁国家/地区”筛查。对于客户指定的货运代理，如果不是中兴通讯认证的物流供应商，也应完成上述筛查。此外，对于物流路线也需筛查是否途经“受制裁国家/地区”。

所有收款业务将在财务入账环节，对付款方、付款银行（如有）进行“受限制主体”及“受制裁国家/地区”筛查。付款发生前也需对收款方、收

① 中兴通讯创建并维护了一份内部的国家清单。这些国家可能是通往受制裁国家/地区的过境路线，或邻近受制裁国家/地区，或是受到相对重大的经济制裁。由于存在转移风险、与“受制裁国家/地区”或“受限制主体”交易风险或其他出口合规风险，“高风险司法管辖区”需要进行额外尽职调查。

款银行进行前述筛查。

2. 出口管制规则的普及推广

为了增进公司员工对出口管制规则的了解,加强出口管制合规意识,中兴通讯采用多种方式向公司员工宣传推广出口管制规则及其中包含的出口管制合规管控要求。

中兴通讯在其官方网站及时更新发布最新的出口管制合规政策,便于其外部合作伙伴以及内部员工了解查阅。此外,为了不断强化员工的出口管制合规意识,中兴通讯每年均会要求员工仔细阅读并承诺遵守《中兴通讯出口管制合规政策》。中兴通讯还将出口管制合规红线印制成海报张贴在公司办公区域,促进出口管制合规意识深入人心,培养合规文化。

中兴通讯制定的所有出口管制合规手册均在公司内部的资料文档库发布,公司全员均可查阅。为了进一步方便员工随时查询手册,中兴通讯建立了公司内部手册门户网站,员工可以轻松点击进入自己需要了解的任一章节内容。同时,考虑移动端设备使用的灵活性以及高使用频率,中兴通讯在移动端办公应用中开辟了合规手册板块,方便员工通过移动端进入手册门户网站页面,随时查阅手册内容。此外,为了加强公司员工对于手册内容以及手册使用方法的了解,中兴通讯开发了手册相关的中英文全员合规培训课程供员工学习。合规手册公共邮箱也会经常向公司员工推送手册相关资讯。

为了更加系统性、体系化地呈现适用于各业务领域的出口管制规则要求,方便各业务领域员工快速查阅适用于本业务领域内相关业务活动的出口管制合规要求,中兴通讯创建了合规全景空间,按照业务领域、业务活动、业务场景分门别类地梳理了所适用的合规管控要求以及相关规则，包括手册和各类操作指引。

中兴通讯秉持“可查、易查、易学、易懂”的理念，不断优化完善出口管制规则体系，并采取多种措施使其在企业内部永葆生命力。

四、企业出口管制许可申请实践

近年来，贸易与国家安全的联系越来越紧密，监管环境日益复杂，管制措施不断升级，给企业的日常业务运营带来更多合规挑战。为充分遵守适用的出口管制法律法规，企业应密切关注各国出口管制政策动态，对业务运营进行正确的出口许可判断，包括审慎评估业务运营是否涉及管制物项、是否需要向相关监管部门申请出口许可，以及如何根据法规政策要求提交出口许可申请。成功的出口许可申请，也是“合规保障企业发展，为企业创造价值”的一项具体体现。本部分将介绍中美两国两用物项出口许可申请操作指南，以及中兴通讯在申请中国出口许可证方面的实践经验，以期对企业申请出口许可提供帮助。

（一）中国出口管制

出口管制是指对物项的出口采取禁止或者限制性措施，以达到对该物项的使用主体或者用途进行控制的目的。各国实施出口管制的目的，不仅是履行防扩散的国际义务，也是在当今的国际环境下维护国家安全和重大利益。

我国出口管制制度起源于20世纪90年代，自1995年制定《监控化学品管理条例》之后，我国陆续出台了一系列行政法规和部门规章来管制出口，包括6个针对不同类别管制物项的行政法规，初步建立了覆盖核、生物、化学、导弹以及军品等物项的出口管制架构。但是相关立法相对分散，缺少统筹、协调、一体化的出口管制法律体系。为此，历经3次审议，《中华人民共和国出口管制法》(以下简称《出口管制法》)最终由第十三届全国人大常委会第二十二次会议审议通过，并于2020年12月1日正式施行，中国出口管制领域有了第一部专门法律。该法梳理了之前散见于各部法律法规之中与出口管制相关的规定，在现有出口管制立法经验的基础上，借鉴国际通行做法，明确出口管制政策、管制清单、管制措施以及监督管理等出口管制制度框架和规则，更好地促进和保障中国出口管制工作，维护中国国家安全和利益。

《出口管制法》第4条规定，我国实行统一的出口管制制度，通过制定管制清单、名录或者目录(以下统称管制清单)、实施出口许可等方式进行管理。目前，中国针对核、生物、化学、导弹等敏感物项及军品制定了对应的出口管制清单。2020年11月26日，商务部、国家密码管理局、海关总署联合发布了2020年第63号公告，正式公布了《商用密码进口许可清单》《商用密码出口管制清单》(以下统称《商用密码清单》)，该公告自2021年1月1日起实施。当前，除《军品出口管理清单》外，其他清单所列物项被商务部和海关总署统一列入了《两用物项和技术进出口许可证管理目录》(以下简称《管理目录》)进行管理。《管理目录》通常会在每年年末进行更新。

下文将重点介绍中国两用物项和技术的出口许可申请操作指南，以及中兴通讯在申请中国出口许可证方面的实践经验。

1. 中国两用物项和技术的出口许可申请操作指南

2006年1月1日，由商务部、海关总署联合颁布的《两用物项和技术进出口许可证管理办法》（以下简称《管理办法》）正式实施。根据《管理办法》，以任何贸易方式出口，以及过境、转运、通运两用物项和技术进出口许可证管理目录中所列物项和技术的，收货人或其代理人凭商务部授权的发证机构签发的《两用物项和技术进出口许可证》向海关办理通关手续。

自2021年1月1日起，我国对《两用物项和技术出口许可证》申领和通过实行无纸化，出口经营者可自行选择提交线下书面申请或网上无纸化申请。选择书面申请方式，出口经营者须将相关申请材料递交商务部行政事务服务中心。选择网上申请方式，出口经营者应先申领用于企业身份认证的电子钥匙，通过商务部业务系统统一平台两用物项和技术进出口管制业务应用（简称业务应用，网址：https://ecomp.mofcom.gov.cn）上传申请材料电子版，并将最终用户和最终用途证明原件及两用物项和技术进出口许可申请表寄至省级商务主管部门，其他申请材料不再报送纸质文件。各省级商务主管部门将企业提交的电子材料及必要纸质材料转报商务部。商务部在收到许可申请后进行审查，或者会同有关部门审查。必要时，报国务院批准。经审查许可的，批复数据转送省级商务主管部门，由省级商务主管部门发放两用物和技术进出口批复单，企业凭批复单在所在地领取

《两用物项和技术进出口许可证》,凭证报关。[①]

充分了解中国《两用物项和技术出口许可证》申请实践要求,有助于提升许可证申请材料提交方面的充分性、及时性,以提高许可证申请的可预期性及加速许可证申请时限。

2. 中兴通讯有关中国出口许可证的实践经验

(1)中兴通讯成功申请中国首例技术出口许可证

中兴通讯致力于遵守全球范围内应适用的法律法规,包括但不限于中国、美国的出口管制和经济制裁法律法规。在中国出口管制方面,中兴通讯密切关注并配合中国出口管制立法工作。在《出口管制法》草案进入公开征求意见阶段,中兴通讯出口管制合规部门基于国际相关立法规定、企业实践经验,积极为草案优化提供了反馈建议,并配合中国商务部完成了企业出口管制合规建设调查问卷。在《出口管制法》正式实施后,中兴通讯快速解读并落实合规义务要求,不断完善公司内部出口管制合规机制,有效避免了在日常经营中违反中国出口管制法律法规的风险。

遵从中国出口管制法,首要任务即识别公司物项是否落入管制范围。位于管制清单的物项未经管理部门许可不得出口,管制清单之外的物项受制于"全面管制"(Catch-all control)原则,也不得在未经管理部门许可的情况下出口用于被限制的用途。

2020 年 12 月 31 日,商务部和海关总署公布了调整后的《管理目录》,中兴通讯合规 COE 在跟踪到该调整变动后及时完成了规则解读与影响分

---

① 参见商务部安全与管制局:《办理两用物项和技术进出口许可证相关问题(一)》,载中国出口管制信息网 2022 年 6 月 17 日,http://exportcontrol.mofcom.gov.cn/article/cjwt/202111/302.html。

析,随即通过 BU 合规团队向业务单位完成了合规义务与排查要求的向下传递及执行。基于此,中兴通讯完成了对全产业线物项是否落入中国出口管制清单的排查工作。通过排查,中兴通讯初步识别到某芯片研发项目可能涉及向我国台湾地区出口《商用密码出口管制清单》的管制技术。根据《出口管制法》第 12 条的规定,当出口经营者无法确定拟出口的货物、技术和服务是否属于本法规定的管制物项,应向国家出口管制管理部门提出咨询的,国家出口管制管理部门应当及时答复。为确定该芯片研发项目涉及的技术是否落入《管理目录》中的《商用密码出口管制清单》,公司通过"商务部业务系统统一平台"提交了一份业务咨询函至中国商务部进行确认。在收到商务部正式答复确认该技术向我国台湾地区出口需办理出口许可证后,中兴通讯迅速成立工作小组,协同合规专家、产品专家等跨部门员工共同推进出口许可证申请事宜。根据商务部在线出口许可申请指南及线下与各级政府单位的积极咨询沟通,最终工作小组克服了在国内技术出口许可方面无相关申请实践经验可遵循的多重困难,在 2 个月内成功获得中国商务部签发的首例技术出口许可证,不仅保证了公司项目的按期交付,更加彰显了中国企业出口合规意识和能力的提升,同时也是政府在现行出口管制体系下引导、促进作用不断强化的实例。

此外,2021 年 4 月 28 日发布的《商务部关于两用物项出口经营者建立出口管制内部合规机制的指导意见》(以下简称《指导意见》)提出了出口管制内部合规机制应具备的基本要素,其中第 8 项"保留资料档案"要求,"出口经营者完整、准确保留与出口管制相关的文件,包括出口记录、与政府部门沟通情况、客户信息及往来文件、许可申请文件、许可审批文件以及出口项目执行情况等。对以电话、传真、电子邮件和其他方式的接洽也视情予以记录,并明确相关贸易文件存档程序及保管要求”。记录保存一直以来都是中兴通讯合规体系建设的关键一环,《中兴全球出口管制和经济制裁合规总册》及《业务分册》对公司各类活动中的记录保存进行了明确的要求,并有专门的记录保存项目组负责对公司记录保存活动进行规范、检查及优化工作,确保合规记录文档保存的及时性、完整性、一致性。对于本次中国技术出口许可证申请,中兴通讯严格遵守法律要求,妥善保存了申请期间与商务部的往来通信、许可申请、许可审批及项目执行等一系列文件。

除此之外,中兴通讯还通过建立中国出口管制项目,标准化中国出口许可证申请流程,努力探索开发工具,以实现对中国出口管制物项的系统性管控。

(2)中兴通讯申请中国出口许可证的经验总结

首先,申请中国两用物项出口许可证需要关注形式和实质办理要求,以避免任何错漏导致的申请审查延误。比如,申请人必须提交纸质版《最终用户和最终用途证明》(出口的含中文译件)原件,原则上《最终用户和最终用途证明》模板不可以修改调整,但是商务部的主要目的是需要了解实际的最终用途情况,所以可以根据实际情况对《最终用户和最终用途证明》模板进行一定的调整。如果调整较大,则需要另附一份澄清说明情况,解释具体原因。此外,需要同时关注商务部、省级商务主管部门对出口许可证申请的办理要求。例如,在某些场景下,省级商务主管部门相对商务部可能有额外的报送要求。

其次，考虑到申请周期长，企业应建立健全中国出口管制合规管控机制，准确识别管控相关管制物项，避免在临近出口相关管制物项时，才意识到需要申请出口许可证，导致交付迟延。当出口经营者无法确定拟出口的货物、技术和服务是否属于《出口管制法》规定的管制物项，可以向国家出口管制管理部门提出咨询。

（二）美国出口管制

出于国家安全和外交政策的原因，美国通过出口管制体系管控敏感实物、软件和技术出口、再出口、转移（国内）至世界各地。现行体系下，美国控制大部分出口的三个政府机构是商务部、国务院和财政部。

· 商务部下属工业与安全局，即 BIS，通过《出口管理条例》管理军民两用物项；

· 国务院下属国防贸易管制局，即 DDTC，通过《国际武器贸易条例》（International Traffic in Arms Regulations，ITAR）管理防务物项；

· 财政部下属外国资产控制办公室（Office of Foreign Assets Control，OFAC）负责实施经济和贸易制裁，并根据美国的外交政策和国家安全目标，打击外国、恐怖分子、国际毒贩和从事与大规模毁灭性武器扩散有关的活动的人。

出口许可证由适当的许可机构在仔细审查有关给定出口交易的事实后颁发。大多数美国出口交易不需要美国政府以许可证形式特别批准。事实上，在所有美国出口交易中，只有相对较小的一部分需要美国政府的许可。对于大多数需要许可的美国出口产品，BIS 或 DDTC 是许可机构。

特定场景下，也需要向其他机构申请许可证，例如，交易若同时受《伊朗交易和制裁条例》和EAR管制，则必须向OFAC申请许可证，未经OFAC授权，不得出口、再出口和转移（国内）任何受EAR管辖物项。

以下将重点介绍美国两用物项出口许可证申请操作指南，以及中兴通讯在申请美国出口许可证方面的实践。

1. 美国两用物项出口许可证申请指南

美国两用物项出口许可申请由BIS主导，相关法规要求可参见EAR第748条和第750条。中兴通讯为了完全遵守EAR，对EAR许可证申请流程进行了充分解读。

（1）许可申请提交形式

首次准备申请许可证的出口商、再出口商、转移商应登录BIS简化网络申请流程系统（Simplified Network Application Process Redesign, SNAP-R）注册获取公司识别码（Company Identification Number, CIN）并激活账户。所有出口、再出口、转移（国内）许可申请及其随附文件必须通过SNAP-R提交，除非BIS授权提交纸质表格。

需要注意的是，只有在美国的主体可以申请出口许可证，非美国公司最多可以申请再出口、转移（国内）许可证。

（2）许可申请SNAP-R填写指南

EAR第748条补编1规定了填写许可申请的一般说明，即EAR第748P条表格第1~25号空格应填写的内容，包括但不限于交易相关方、物项、最终用途等信息。

EAR第748.8条和第748条补编2规定了对特定物项或交易类型的

附加要求,比如,企业正在申请针对多个国家或收货人的授权,则需在第18号空格中输入"Various",并在第24号空格中列出具体的国家、国家组或地理区域等。

EAR第748.9条至第748.13条还规定了用于评估许可申请中的外国主体或促进遵守许可要求的支持文件。一些支持文件由外国政府签发,而其他支持文件由买方或最终收货人签发。

(3)许可申请的流程

中兴通讯对许可申请全流程进行了梳理,如图3-2所示。

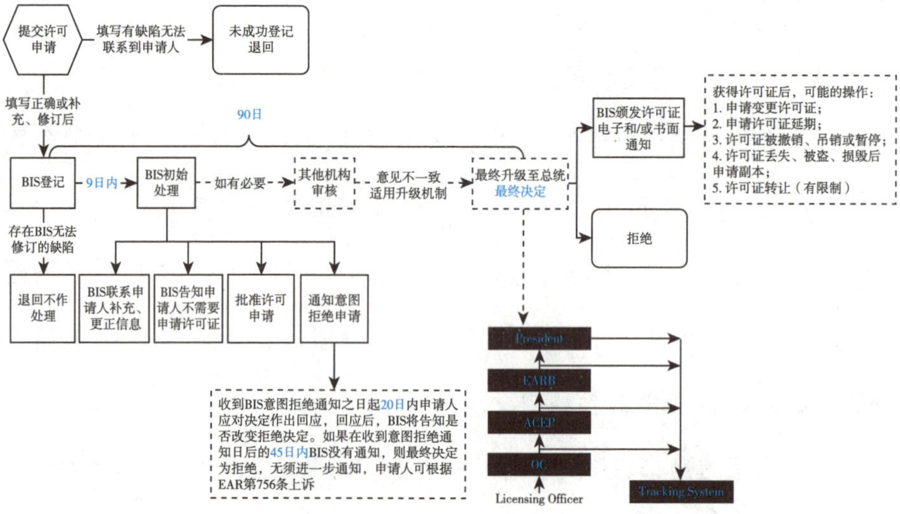

图3-2 美国两用物项出口许可证申请流程

正确填写的许可申请将在BIS收到后立即登记。BIS主导许可申请审核,并将尽最大可能在不将许可申请转交给其他机构的情况下做出许可决定。但BIS可能就任何许可申请与美国其他部门和机构进行协商,这些机构包括国防部、能源部、国务院和军备控制和裁军署(Arms Control and Disarmament Agency, ACDA)等,各机构对审核许可申请的关注点有所不同,当机构间审查出现分歧时会通过升级机制解决。

EAR 规定,许可申请将在申请登记之日起 90 日内得到解决或转交总统,但特定活动的处理周期不计入处理时限中,包括但不限于申请人同意延期、许可证前检查、多边审查的处理时间等。

在许可申请登记之后,BIS 将酌情对许可申请进行处理,包括:①发现许可申请存在无法纠正的缺陷,不采取任何行动将其退回(Returned Without Action, RWA);②要求申请人补充信息;③告知申请人无须申请许可证;④批准或拒绝申请;⑤转交其他机构审核。

最终获批的许可证,通常会附加“条件或条款”,包括限制产品用于特定商业用途;将制造设备限制为申请中所述的商业产品,并禁止制造弹药或国防用品;要求最终用户同意 BIS 对最终用户设施进行装运后验证(Post-shipment Verification,PSV)访问;满足特定条件时的特定报告要求。

此外,中兴通讯还积极参与 BIS 线上年会,听取与许可证申请相关的专题分享。在 2022 年 6 月底召开的 BIS 年会上,BIS 副部长艾伦·埃斯特韦斯(Alan Estevez)表示,2021 财年,BIS 处理了 41,446 份许可证申请,价值 1.3 万亿美元,平均处理时间为 26 天,比 2020 年增长了 9.4%;批准了约 86% 的许可申请,未采取行动就退回或拒绝了 14%。许可申请由国防部、国务院和能源部审查。自 2021 年起,在这些许可证申请中,378 份申请已升级执行委员会(Operating Committee,OC)。在这些执行委员会的决定中,有 177 项已发签发,57 项已上报给出口政策咨询委员会(Advisory Committee on Export Policy,ACEP)。41,000 多项申请只有约 14% 受到机构间分歧的影响,导致升级至助理部长级。

2. 中兴通讯有关美国出口许可证的实践经验

为遵守美国、欧盟等全球范围内应适用的出口管制法律法规，维护公司与合作供方的长久合规贸易，中兴通讯针对合作供方需要申请出口许可证才能交付至公司的物项实施了规范管理，明确了从配合供方完成许可申请，到许可证物项的采购、使用、处置、转移和再出口等活动的合规管控要求。

(1)配合美国出口商申请许可证

2020 年 6 月 30 日，美国商务部工业安全局正式取消了 CIV(Civil end-users，民用最终用户)许可例外。在此之前，中兴通讯通过 CIV 许可例外向美国供应商采购了多款型号的 ECCN 分类为 3A001. a. 7. a 的现场可编程门阵列(Field Programmable Gate Array，FPGA)器件。在此之后，采购这些 FPGA 器件再无许可例外可以适用，因此美国供应商在向中兴通讯发货前，必须向美国商务部 BIS 申请出口许可证。在许可申请过程中，中兴通讯与美国供应商紧密合作，共同确定了计划采购的 FPGA 型号、ECCN 编码、期望采购数量、最终被并入的中兴通讯产品以及相关产品说明书等信息。同时，由于期望采购的金额超过 5 万美元，中兴通讯还向美国供应商提供了由中国商务部签署盖章的《中华人民共和国最终用户声明》。2020 年 8 月，BIS 签发了出口许可证，授权该美国供应商向中兴通讯出口指定数量的特定型号 FPGA 器件。

(2)合作供方出口许可证物项管理

对于合作供方出口许可证物项，中兴通讯为许可证物项生命周期中所有环节(包括申请、采购、应用、处置、跟踪和监控、记录保存、审计)明确分配了责任人和职责义务。

在许可申请环节，许可证物项的需求方需拟制许可证物项采购评估表，经由业务单位的一级许可证物项负责人提交至ECC评估是否有可适用的许可证，如有，ECC将通知一级许可证物项负责人继续许可证物项采购。若不满足许可证使用条件，需求方仍申请继续采购，ECC将负责与合作供方沟通协作进行许可证申请。比如，许可证的授权数量、获批的最终用户、最终用途等任何信息与需求方提交的采购评估表不符，ECC将不予批准采购；许可证项下已使用的数量或价值总额已超过许可证授权的90%或当前许可证距离届满日已不足6个月，ECC也将酌情拒绝批准采购，以确保许可证使用合规。

在许可证应用阶段，中兴通讯明确要求许可证物项使用人及业务单位应严格按照许可证要求的条件执行，不得将许可证物项用于未经授权的用途，也不得将许可证物项进行未经授权的转移。除了业务单位一级许可证物项负责人，中兴通讯还将许可证物项的实际持有人指定为二级许可证物项负责人，即许可证物项的第一责任人。许可证物项应由一级、二级许可证物项负责人或其指定的专人负责储存，须保证许可物项都能被妥善跟踪及追溯。具体而言，二级许可证物项负责人应定期向一级许可证物项负责人提交许可证物项状态或及时上报异常情况，一级许可证物项负责人作为业务单位的唯一接口人与ECC对接，定期向ECC提交许可证物项的状态报告或及时上报异常情况。在许可证条件要求中兴通讯向许可证申请人或BIS定期提供许可活动报告（如半年报告）时，一级许可证物项负责人应按照许可证条件按时向ECC提供相关信息，ECC审核汇总后提交至许可证申请人或 BIS。

除了强调对许可证物项的日常跟踪管理及定期报告外，中兴通讯还明确，与许可证物项相关的记录应自许可证到期之日期保存至少 5 年，并要求 ECPOC 和 BU 合规团队对业务单位的许可证物项管理进行日常监督与检查。

3. 中兴通讯为客户申请美国许可证的实践经验

除了配合合作供方完成出口许可证申请之外，中兴通讯为遵守美国对白俄罗斯的出口管制限制，于 2022 年首次向 BIS 提交了一份再出口许可证申请，并获得了 BIS 的正式答复通知。

(1) 中兴通讯为白俄罗斯客户申请许可证

自 2022 年 2 月起，BIS 多次修订 EAR，对俄罗斯、白俄罗斯实施严厉的出口管制限制。EAR 创设的俄罗斯、白俄罗斯直接产品规则（Russia/Belarus FDP rule）使更多非美国制造物项可能因使用到美国原产列于 CCL 的软件、技术而受 EAR 管辖，因此出口、再出口、转移（国内）至任何目的地均需要向 BIS 申请许可证。BIS 仅在有限场景下逐案审核许可申请，以确定相关交易是否有益于俄罗斯政府或国防部门：①与飞行安全相关的申请；②与海上安全有关的申请；③满足人道主义需求的申请；④支持政府空间合作的申请；⑤发货至总部位于美国、A:5 和 A:6 国家组的"特定西方子公司和合资企业、分支机构或销售办事处"（以下合称"特定西方实体"）的申请；⑥发往总部设在 A:5 和 A:6 国家组的公司以支持民用电信基础设施的申请；⑦政府间的活动。

许可申请是否满足逐案申请规定的场景，是 BIS 许可官员审核的关键。BIS 官员曾在 2022 年 BIS 年会中提到，如果没有某一物项，飞机会坠机，而不是进行定期维护，在这种情况下 BIS 会审核许可申请。如果许可申请不满足逐案审核的场景，而是直接适用拒绝政策，BIS 官员不建议企业浪费时间申请许可证，因为 BIS 可能很快拒绝该申请。

为完全遵守俄罗斯、白俄罗斯出口限制措施，在俄罗斯、白俄罗斯 FDP 等规则适用存在诸多不确定性的背景下，中兴通讯对外部制裁法律法规进行了谨慎保守的解读及适用。尽管 EAR 法规已规定，如满足所有适用条件，ENC（加密物项）许可例外可适用于向总部位于美国、A:5 或 A:6 国家组的“特定西方实体”民事最终用户的出口、再出口或转移（国内），公司仍旧出于拟议交易，为白俄罗斯客户 X（属于“特定西方实体”民事最终用户）申请了光纤网络设备的再出口许可证，以支持白俄罗斯人民获得家庭互联网服务，这也与 BIS 对俄罗斯、白俄罗斯实施出口管制限制的立法意图相符。在许可申请过程中，中兴通讯及时回应了 BIS 关于客户 X 股权结构的问题，最终在许可申请登记后约 3 个月，正式收到了 BIS 对此再出口许可申请的答复。BIS 不采取任何行动退回了本次再出口许可申请，并在回函中认可了中兴通讯关于 ENC 许可例外可适用于拟议交易的判断。本次再出口许可申请，是中兴通讯致力于遵守所有适用的出口管制法律法规的体现，也帮助公司积累了与 BIS 出口许可申请相关的宝贵实践经验，进一步丰富、提升了公司出口合规遵从能力。

（2）中兴通讯申请 BIS 再出口许可证的经验总结

首先，为加速许可申请审核，企业可能需要准备一份精心设计的解释函（Letter of Explanation, LOE）以便审查机构以及许可管理人员（licensing officer)能更清晰地了解许可申请给定的交易事实。LOE 必须足够精确且反映交易的全部内容,其中可以提及可能可用的许可例外和支撑 BIS 批准许可证的论点。此外,BIS 官员曾在 2021 年 BIS 年会中介绍,如果是为申请复杂硬件出口许可证(complex hardware licenses),即交易涉及许多收货人、最终用户、不固定的最终用途,最好提交一份 LOE。例如,交易可能有多个中间收货人,因为 SNAP-R 没有多余空格可以填写,所以一些申请人将中间收货人等交易当事方输入最终用户栏,此时就需要附上 LOE 阐明交易各方的信息及履行的职能。相反,如果是为一项简单交易申请许可证,即交易涉及单一物项、单一收货人、固定最终用途,可以不附 LOE。

其次,需要提交完整准确的信息。在物项方面,应确保提供给 BIS 的产品描述与企业网站上的信息相符;在交易主体方面,企业需进行尽职调查,确保捕获所有可能的中间收货人(如银行、货运代理)以及可能的最终用户和最终收货人。由于标准许可期限为 4 年,因此许可申请还应涵盖 4 年期内可能出口至指定最终用户的所有商品、软件和技术。

最后,还需为 BIS 的后续问题做好准备,防止因未及时答复 BIS 跟进问题,而导致许可申请被 BIS 退回或拒绝。

第四章

反商业贿赂专项合规实务

近年来,国内对“行贿方”执法态势趋严,域外如美国、英国等国一贯对企业海外腐败行为持高压惩治的态度。在此背景下,企业对合规经营的重要性认知也在不断提高。如何构建一套有效的反贿赂合规体系,以预防、监控和应对潜在的贿赂风险,确保经营活动的稳健运行和商业可持续,是企业经营者所面对的重要课题。

贿赂风险在某种程度上类似于病毒,是否或何时会引发疾病,具有一定的不确定性。若没有有效的机制进行管控,它可能从最初对机体威胁较小的因子,不断侵蚀组织体,演变成对组织体有系统性威胁的顽疾,甚至可能对组织体的生存产生影响。本章主要基于人体免疫系统视角,分析反贿赂合规体系应该具备哪些基本特征;结合中兴通讯反贿赂合规体系建设的探索与实践经验,分享反贿赂合规体系应如何构建和维护;介绍中兴通讯在反贿赂合规体系建设实践中的部分创新案例,以期能与业界同仁一起探讨“企业如何基于自身风险导向构建一套有效、高效、适应的反贿赂合规体系”,共同营造廉洁、公平、公正的营商环境和生态圈。

一、反贿赂合规体系:以免疫系统为视角

免疫系统是人体在抵御外来病原体入侵、清理体内衰变或坏死细胞和保护自身组织的重要防护系统,主要由免疫器官、免疫细胞和免疫活性物质构成。免疫系统共有三道防线,第一、二道防线采用“批量”阻隔和灭杀的方式,识别、监控和应对病原体;第一、二道防线不能防控的病原体,则通过第三道防线来进行强化的绞杀,以确保组织体的安全。

反贿赂合规体系与人体免疫系统所要应对的风险及威胁虽然不同,但它们对组织体结构和功能的保护、净化和修补作用遵循着相同的原理(见图4-1)。免疫系统需确保组织体的安全,同样,反贿赂合规体系也要确保组织的健康、安全、可持续发展,以创建“百年老店”。因此,结合人体免疫系统对病毒的有效防控体系及运行机制的认知和分析,可以探索组织体反贿赂合规体系所应当具备的基本特征或要素。

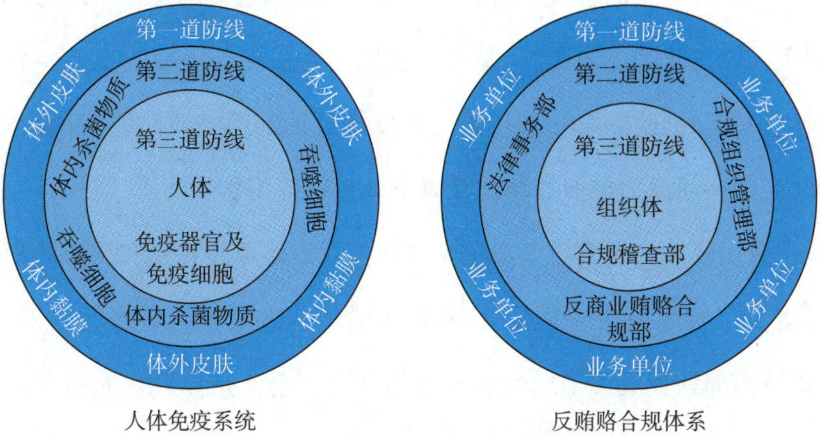

图 4－1　人体免疫系统与反贿赂合规体系对比

（一）免疫系统视角下反贿赂合规体系的特征

反贿赂合规体系的三道防线的具体内容如图 4－2 所示。

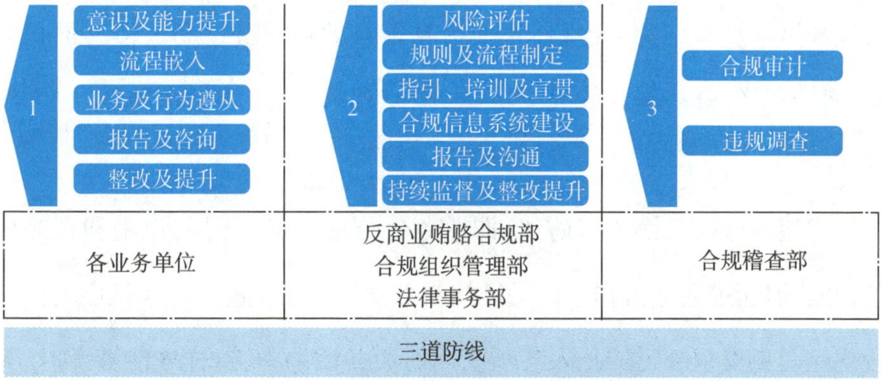

图 4－2　反贿赂合规体系的三道防线

1. 第一道防线是风险识别和预防的第一责任人

人体免疫的第一道防线是由体外皮肤、体内黏膜组成，能够阻挡大部分的病原体从外部入侵人体，体内黏膜不仅能够阻挡病原菌进入人体，其分泌物还具有一定的杀菌作用。在企业的反贿赂合规治理中,各业务单位类似于人体皮肤和体内黏膜,是整个组织体连接内外环境的重要媒介,也是风险识别和预防的第一责任人。为发挥及调动第一道防线对风险的防范作用,中兴通讯力求业务单位从以下几点做好工作:

①意识及能力提升。业务单位要承担好贿赂风险识别和预防的责任,必须至少了解贿赂风险是什么、触发风险给企业及个人带来的后果是什么,以及内部处理或关闭风险的流程是什么。企业是拟人化人格,与人体的应激性反应有所区别,人体可以天然排斥病毒以及其他外来的物体,但法人自身不具备此种功能,甚至基于外部利益的考量,会存在故意引入病毒的情形发生。因此,企业意识提升,关键是让员工个人知道违规行为对企业有害,对其个人同样有害,从而建立员工排斥、预防违规的一致性反应。人的免疫系统第一道防线,胜在致密性,如果员工的合规意识足够强,对违规风险足够警觉,合规体系便会真正有效;否则,就和人体大面积烧伤、感染一样,第一道防线完全失效,即使有第二道、第三道防线,也无法存活。

②流程嵌入。第一道防线,即业务单位能够第一时间识别和预防风险,并能够通过业务流程中的关键控制点发生作用。嵌入流程核心是要让合规这套免疫系统延伸扎入各项实际的业务活动中,这样才能够及时、充分地将风险信息传递给第二道防线和第三道防线,第二、三道防线在识别到重大风险时,也能够以流程管控为抓手,成功阻断或消除风险。例如,在商业伙伴引入环节,中兴通讯要求所有商业伙伴填写《合规调查问卷》,并由业务人员填写《商业伙伴识别及风险评估表》,针对中高风险的商业伙

伴,由业务人员申请合规审批,在审批通过后方可开展业务。通过这个流程控制点,业务人员可第一时间识别并申报风险,充分地将风险信息传递,使公司可以及时地采取适宜的管控措施。关于中兴通讯反贿赂合规管控如何嵌入业务流程,参见本章第二部分的相关内容。

③业务及行为遵守。常言道:不以规矩,不能成方圆。人体免疫系统如此,企业的反贿赂合规治理亦如此。业务单位及业务人员只有严格遵从公司或组织体的合规要求,将外(内)规内化成个体的行为准则或行动,方能够真正地将对组织造成潜在威胁的贿赂风险扼杀在萌芽状态,并将"风险"化为对业务的"机会"。

④风险报告及咨询。贿赂风险如病毒一般,具有复杂性、隐蔽性及变异性。因此,中兴通讯要求业务单位及员工在识别出风险或对相关风险有疑惑时,及时将相关风险信息向直属业务领导、BU 合规经理/总监、反商业贿赂合规部合规经理等进行报告或咨询,获得专业的处理意见,以应对可能隐藏的、新型的贿赂风险信号。

⑤整改及提升。针对违规行为(病毒入侵)的情形,根据合规部门出具的整改意见进行整改提升,以避免违规行为的再次发生(新一轮病毒的入侵)。

经过长时间的进化迄今,人类免疫系统的第一道防线已经发展成为每一个个体出生即与生俱来的能力。但对于企业的反贿赂合规体系构建来说,第一道线防线的机制和能力不是与生俱来的,企业需要通过不断的培训、宣贯、执法等多种手段的运用,逐步在其组织内部培育起合规意识和合规文化,从而促使第一道防线能够运作起来。此外,只有随着企业反贿赂合规体系的第一道防线有效运作，企业诚信经营的DNA才能养成。

2. 第二道防线对风险的识别、防范及应对

人体免疫系统的第二道防线由体内的杀菌物质与吞噬细胞构成，与第一道防线相似，均是人类天生就具有的防线。第二道防线并不对某一特定的病原体进行防护，而是对多种病原体均有一定的防护作用。第二道防线除了对侵入的病原体迅速产生免疫应答（吞噬和杀灭）外，还可清除体内损伤、衰老或畸变的细胞。在企业的反贿赂合规治理中，反商业贿赂合规部、合规组织管理部、法律事务部（在此统称为“合规部门”）是第二道防线的重要免疫组织，主要承担以下工作以确保企业的合规体系能够运行并发挥对风险的识别、防范和应对作用。

①风险评估。常态化风险评估就像人体免疫系统的第二道防线一样，可以对第一道防线不能预防的风险进行定期扫描，在风险萌芽阶段和未演变为危机前，通过预判发生的可能性和影响，评价风险并采取应对措施。通过风险评估，企业可以抓大放小，对资源进行合理的配置，管控对企业优先级别较高的风险。例如，感冒病毒的入侵并不会导致人体机体的紊乱、失能，公司通过风险评估将恰如其分的关切和资源投入不同等级的风险事项中，而不是采取同等管控力度和水平应对所有的风险，致使管控低效甚至无效。“一刀切的合规体系通常被认为考虑欠周详并缺乏实际效果，因为资源不可避免地被过多地用于低风险的市场和交易而过少地分配给高风险领域”。[①]

---

① U. S. Department of Justice, *Evaluation of Corporate Compliance Programs*, https://www.justice.gov/criminal-fraud/page/file/937501/download.

②规则及流程制定。免疫系统在一个抗原响应完成后,免疫细胞和分子会被赋予较长的存活周期,以应对相同抗原的二次入侵。而企业将一次成功的风险防范和应对经验成功复制的最好做法就是将外规(外部法律法规、行业规范、合规义务和承诺等)及其经验教训转化为内规,即通常说的方针政策、规范制度等,使组织体“有规可依”,形成组织记忆和机制,从而在较长时期内对同类贿赂风险进行有效防范和管控。此外,企业通过合规规则及流程的制定,填补管控空白,也可有效避免“无规无矩”下员工踩踏法律红线行为的发生。

③指引、培训及宣贯。人体细胞和杀菌物质对于病毒的灭杀能力,并不是与生俱来的,而是在与病毒斗争,为灭杀病毒不断演化和学习而练就的。有效的合规体系亦是企业通过持续的培训、宣贯形成的,将规则内化于员工之心,从而促使每一个员工成为风险防范的哨兵,驱动企业合规遵从的车轮。

④合规信息系统建设。信息系统可记录、审批企业的业务活动,以适时地对业务活动进行监测,是风险防控系统中信息传递、反馈、响应和行动的关键中枢和载体。缺失信息系统,就会导致各风险防范单元孤军奋战,甚至导致第二道防线和第三道防线成为“瞎子”“哑巴”“残疾”,丧失对违规风险的监控和应对能力,最终可能导致违规行为在组织内畅行无阻,肆意损害企业的经营健康和可持续发展。

⑤报告及沟通。担任第一道防线和第三道防线的重要枢纽,是第二道防线其中一项功能,合规人员及时将第一道防线的风险预警信息进行沟通和升级汇报,并将第三道防线中识别和处理的违规行为的普适性特征提

炼，传递至第一道防线。当然，在实践中，该功能不只是对第一道和第三道防线起到承上启下的作用。譬如合规评审，是第一道防线基于风险模型升级上来，第二道防线处置的场景。其他业务线报告了风险，认为确实存在违规并造成损害的，第二道防线也要阻断违规风险。

⑥持续监督及整改提升。第二道防线是人体免疫系统的重要屏障，也是合规体系中的重中之重。应对风险进行持续监督，并对发现存在的管控漏洞进行整改提升，以确保第二道防线持续发挥作用，合规体系持续有效。

人体的固有抗体数目往往低于外部抗原数量，但是在其免疫功能发挥中，通过免疫细胞的新陈代谢能够推动免疫细胞的抗体不断变异，对各种外部抗原进行免疫。中兴通讯的反贿赂合规体系，也是在不断处理和应对多种法域的合规管控要求下，不断自我迭代，将外部顾问的能力进行内化，从而不断固化、提升和改进该体系，使之持续有效。

3. 第三道防线对风险的监测及应对

第三道防线主要由免疫器官与免疫细胞组成，这道防线又称为特异性免疫，其特点为仅针对某一特定的病原体起作用，是人体后天得到的免疫力。人体通过不断积累与病毒对抗的实战，经后天感染（病愈或无症状的感染）或人工预防接种，可使身体获得后天抵抗感染的能力。反贿赂合规体系的第三道防线，主要通过合规审计、违规调查等手段，对新的、复杂的违规行为以及第二道防线处置风险的情况进行独立和专门的监控和应对，是该体系中的最后一道防线。

①合规审计。合规审计，是指企业依据“外法内规”的重要规定对业务活动进行常态化的检查，以识别潜在的违规或问题项，并及时采取整改

措施，避免问题的恶化。

②违规调查。合规调查，是指企业针对某一违规线索展开调查，以进一步识别违规行为及责任主体，并依据企业内规进行追责，避免违规给公司带来治理的混乱，诱发严重的外部执法风险。

（二）中兴通讯反贿赂合规体系概览

图4－3为中兴通讯基于国内外反贿赂合规的良好实践，并结合人体免疫系统的运行机理提炼的中兴通讯反贿赂合规体系图，该图系统性地呈现了中兴通讯反贿赂合规的重要组成部分及要素。为聚焦于读者较为关注，也是整个合规体系建设中最基础、最内核的组成部分，下文笔者将就该体系中合规规则的构建及维护进行重点阐述。

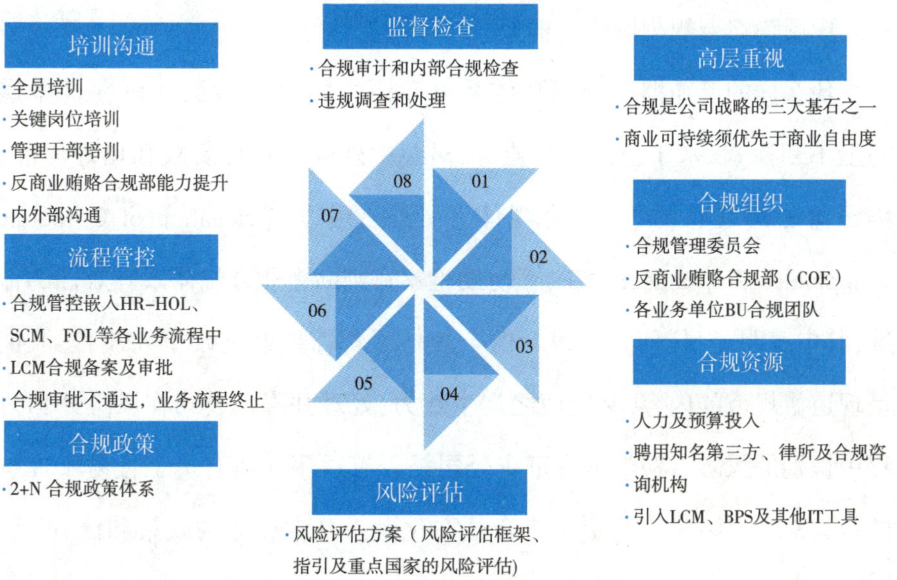

图4－3　中兴通讯反贿赂合规体系

二、反贿赂合规体系建设:体系构建、实施与优化

(一)外法到内规反贿赂规则体系构建

中兴通讯作为跨国企业,业务活动遍及全球多个国家,在对外开展商业活动时,需遵从其他国家的反腐败与反贿赂法律法规。中兴通讯在研究外部的法律法规及有关政策、良好标准的基础上,梳理并结合公司内部的业务场景,构建起适用于中兴通讯及其分支机构和控股子公司的反贿赂合规规则体系,向内外部传达公司关于贿赂行为"零容忍"的态度,为全体员工提供明确的合规要求及流程指导。

1. 反贿赂合规规则体系框架

什么样的反贿赂合规规则体系可以谓之"好"?中兴通讯在这条道路上不断探索,基于公司自身业务,对标内外部的最佳实践和良好标准。美国司法部发布的《企业合规体系评估指引》(Evaluation of Corporate Compliance Programs,ECCP)系协助检察官判断企业合规体系有效性的标准,其中载明了"任何妥善设计的合规体系都需要制定政策和流程,既能呈现道德规范的内容,又能使之产生效力,处理并降低公司在风险评估过程中识别的风险。检察官应审查公司是否有适用于所有员工且易于理解的行为准则……是否制定了将合规文化融入日常业务的政策和流程"①。

① U. S. Department of Justice, *Evaluation of Corporate Compliance Programs*, https://www.justice.gov/criminal-fraud/page/file/937501/download.

由此可见，反贿赂合规规则需要在设计和执行层面有效，既要有上位的行为准则规定道德标准和指导原则，也要有下位的政策和流程确保合规要求的妥善执行，并将这些要求内化嵌入业务实际活动中，仅有规则体系但束之高阁，并未实际落地和执行的，不可谓之“有效”。这点在 ISO 37001：2016《反贿赂管理体系　要求及实施指南》中得到一致体现，其第 5.2 条中提到高级管理层应当建立、维护和评审反贿赂政策，政策应当禁止贿赂、要求遵守所适用的反贿赂法律、与企业自身的宗旨和战略等相适应……第 8.7 条中进一步规定了企业应当设计和执行相应的流程，防范以贿赂或被视为贿赂为目的的提议，给予及接受礼品、款待、捐赠及类似的利益。由此可见，ISO 37001 标准中也明确了规则设计及流程嵌入的必要性。合规要求只有有机融入关键的业务活动流程中，才能精准、有效、高效地管控相应的反贿赂合规风险。

基于对外部法律法规、良好标准的研究及内部业务的梳理，中兴通讯内部形成了一套反贿赂合规规则体系，不同规则之间各司其职，形成立体的规则标准，并致力于为员工提供有效、高效、适应业务的规则要求及流程指引，以期更好地预防、管控公司在开展各项业务活动中可能发生的系统性风险。

中兴通讯反贿赂合规规则体系，包括《商业行为准则》《反贿赂合规政策》《反贿赂合规管理规范》《反贿赂合规指引》（见图 4－4）。这些反贿赂合规规则均公开发布在公司内部文档库中，方便员工随时线上获取及阅读。另外，所有的第三方商业伙伴及外部客户等主体，均可以通过中兴通讯官网获取《商业行为准则》和《反贿赂合规政策》等，了解对中兴通讯相关人员和商业伙伴的反贿赂合规要求。

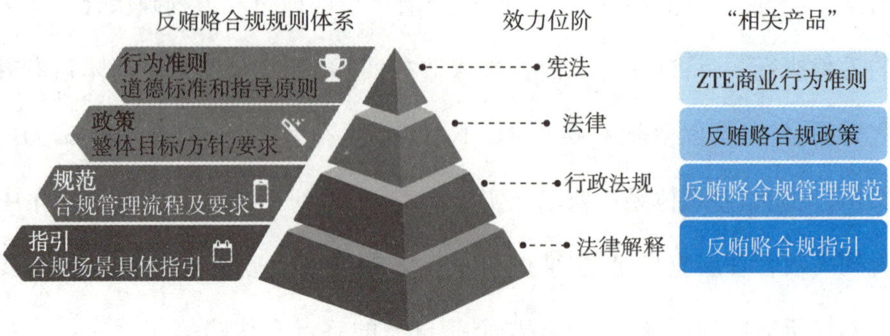

图4－4　中兴通讯反贿赂合规规则体系

《商业行为准则》规定了中兴通讯股份有限公司及其子公司、关联公司开展业务的道德标准和指导原则，在整个公司中处于最高效力位阶，其效力类似于国家的“宪法”。该准则反贿赂合规模块明确，“中兴通讯对任何形式的贿赂和腐败采取零容忍态度”。

《反贿赂合规政策》是公司对反贿赂合规管理整体的目标、方针和要求，根据公司《商业行为准则》中确立的反贿赂合规相关的道德标准和指导原则制定，在整个反贿赂政策规范体系中处于第二位阶，其效力类似于“法律”，确定了公司反贿赂合规的总体原则和行动承诺。

《反贿赂合规管理规范》是规定部门职责、管理原则、要求和流程的标准文档，是上层位阶政策落地执行的规范性文件，其效力类似于“行政法规”。该规范包括十大领域的管理规范，明确了各部门的职责、合规管理原则、合规风险信号、合规管控流程及要求等内容，确保风险的防控有据可依。

《反贿赂合规指引》是落实政策规范所规定的原则或具体管理流程和

要求的指南，是对上层政策规范的具体适用指引，其效力类似于"法律解释"，指引适用于特定的业务场景或者岗位、国家或实体。比如，针对客户经理岗位的《客户经理反贿赂合规指引》，为一线的销售岗提供"一站式"的场景化指引。

2. 反贿赂合规规则体系构建实践

规则的制定不是一蹴而就的，也并非简单地照搬照抄。规则是企业开展合规治理的依据，而合规治理贯穿在业务活动中，会产生实实在在的治理成本，因此规则并非多多益善，应聚焦关键业务风险，实现"精准预防和打击"。

建立反贿赂合规规则体系好比建一栋大楼，首先要圈定建筑的范围，规划如何合理使用建设用地。中兴通讯基于对自身商业模式、所属行业、业务场景、开展业务国家的法律法规、客户政策等的综合研究和判断，有效结合企业的整体战略及利益相关方的意见，划定了十大业务领域，如礼品款待、外部差旅、商业伙伴、采购交易、公益捐赠、商业赞助等。基于对这些业务领域不同场景的梳理，制定相应的规范以预防可能的合规风险。以下是中兴通讯在这一过程中总结的经验：

（1）关注不同规则之间的逻辑和术语一致性的问题。为统一不同规则之间的体例逻辑和标准术语，中兴通讯输出了标准化的指导书及模板，以便规范整个规则体系之间的逻辑关系及同一层级规范之间的逻辑结构和术语表达。

（2）关注规则的易读性和可获得性问题。规则的适用对象是公司的员工，因此规则的内容上需要具备易读性，避免设立过高的专业门槛，提升员工对于合规规则的感知度。此外,规则应当通过多种渠道在公司内部的文档库或者公开平台发布,并考虑员工对于语言的需求,以便员工随时获取和查阅。

(3)关注规则的定期审阅及更新问题。公司内部业务场景、外部立法、执法形势是实时变化的,反贿赂合规规则也需要与时俱进,定期审阅和更新修订,以不断提高规则的有效、高效和适应性。当然,这一工作可以在日常的合规工作中进行积累,如对于风险评估、合规咨询及评审、合规检查、调查审计中发现的规则待优化的要素,可以做实时的维护和记录,在规则优化时纳入这些要点。

(二)基于风险分级治理反贿赂规则落地实施

1. 合规规则嵌入关键业务节点(KCP 设计及执行)

对于一家企业而言,在实际发生风险事件或者面对第三方问询或调查时,如果仅有纸面的合规规则,则无法为企业提供"免死金牌"或有效抗辩,对企业反贿赂合规风险的防范和治理并无实际助益。正如上文ISO 37001标准和ECCP中提到的,企业需要有相应的流程来确保规则的执行。那么,怎么将合规要求嵌入业务的流程中?嵌入哪里是合适的呢?

例如,一条道路上在5个地方设置红绿灯和在1个地方设置红绿灯进行交通管控,对于车辆的通行效率、投入的造价成本等都是不同的。与之类似,公司的某个业务活动可能有数个控制点,如果每一个节点都嵌入合规管控要求,将造成管理成本的大幅增加及业务活动开展效率的降低。所以,只有识别出关键的业务流程节点,并将合规要求嵌入其中,才能最大限度发挥管控风险的目标，降本提效。中兴通讯在第三方合规管理 KCP 的设计和执行上就践行了这一理念，具体的良好实践将在下文“反贿赂合规体系建设实践”中予以详细介绍。

2. 合规管控措施与贿赂风险相匹配

对于企业而言，人力、物力、财力、时间等资源投入是有限的，故企业合规风险管控需要抓主要矛盾，从规则设计和执行上区分风险的高低。针对不同层级的风险配置不同比例的资源进行管理，可以更加有效、高效地进行风险治理，同时帮助企业降本提效。

对此，中兴通讯将不同业务场景的各类要素输入风险评估的计分逻辑中，通过特定的赋值计算自动得出高、中、低风险，并根据风险等级的差异赋予不同的管控要求及流程。例如，低风险无须进行合规评审，放行业务，并对其进行定期审计和违规行为调查；中风险则实施一档业务及合规侧的审批；高风险则进行二档升级审批，除一档审批外，增加二档人员进行终审。（见表 4－1）

表 4－1　风险分级与合规管控措施

风险评估等级	合规管控措施
低风险	放行业务，定期抽查和审计
中风险	一档合规评审，定期抽查和审计
高风险	二档合规评审，定期全覆盖检查和审计

此外，中兴通讯对可能的风险行为进行红黄绿灯分级管理：（1）存在禁止性风险信号的行为（红灯），禁止开展；（2）存在严控性或限制性风险信号的行为（黄灯），施加有效管控方案后可以附条件开展；（3）对于正当

合理的业务行为(绿灯),可以正常开展。

3. 反贿赂合规规则实施实践

如果缺乏实际的流程和动作支撑落地,那么最终规则会流于形式,对于企业的合规风险治理将没有任何意义。如何把已经制定好的规则带到员工面前,更好地使其在员工中内化于心,外化于行?这就有赖于规则的进一步实施和嵌入。本部分基于中兴通讯关于某领域规则落地的实践,提取公因式,分享中兴通讯关于规则嵌入的流程及经验。

(1)根据在规则制定时了解和梳理的现有业务管控的系统及流程,讨论并输出合理的合规嵌入方案,在方案中明确:在××系统的××流程中,不同角色(如业务申请人员及控制岗位人员)的职责及要求(如需要提交什么信息及材料,并确保其提交信息材料的真实、准确、完整)。

(2)如果涉及业务侧系统开发或改造的,与业务系统的负责人进行讨论沟通,设计系统开发或改良的需求方案,使对应的业务系统具备进行风险控制的功能,并在开发完成后进行测试验收、系统正式上线等。

(3)针对不同岗位的员工进行培训、宣贯和沟通,开发针对全员以及关键岗位的课程与宣贯材料,进行相应的合规规则宣贯、培训及沟通,促使其了解对应业务领域的禁止性合规风险信号、KCP的控制要求、系统路径填写指引等内容,并对员工可能存在的问题进行答复。为了确保关键岗位的人员能够掌握相应的知识,当好"守门员"的角色,建议在培训或宣贯后对效果进行测评和验证。

(4)正式发布通知,从通知之日起开始落实和执行合规嵌入方案。

（三）以风险为导向反贿赂合规规则体系持续优化

ECCP中提到，“有效的合规体系的一个特征是体系可以不断优化和发展。在实践中，控制措施的实施必然暴露出风险领域和潜在的调整需求。一家公司的业务随着时间的推移而变化，如其运营环境、客户的性质、受管辖的法律及所适用的行业标准”。规则体系要达到有效、高效和适应性的目标，就需要不断地审阅复盘，从日常的合规风险评估、合规评审及咨询、合规调查、持续监督及审计等过程中，发现规则设计和执行上需要不断更新优化的要素，进一步反哺规则的制定和实施。需要说明的是，如下关于风险评估、评审咨询及调查审计的说明都以实现规则体系的高效、有效、适应性作为一体性目标，分析也以对应环节更加典型的特征予以展开。

1. 风险评估提升合规规则高效性

管控风险这一目标的实现不总是以牺牲效率作为代价。公司内部业务场景及外部的法律法规、执法环境不断发生变化，合规风险也随之不断变化，措施能否在有效管控风险的基础上实现高效管控，是风险评估中的一个重要课题。

风险评估由风险识别、风险分析、风险评价构成。风险识别即识别可能对目标产生重大影响的风险源、影响范围、事件及其原因和潜在的后果；风险分析即分析风险发生的可能性和影响程度，加深对风险的理解；风险评价是在风险分析的基础上确定风险排序和风险等级，以便对未来的行动进行决策。

在风险评估环节，当前中兴通讯的业务实践更加注重在兼顾有效性和适应性的情况下，不断提升规则的设计和执行的高效性。要实现这一目标，关键在于通过风险评估识别出需要确实进行治理的风险业务、风险人员、风险行为，并在规则设计和执行中予以应用。中兴通讯每年针对特定的国家和专项合规领域进行风险评估，以便监测风险的变化，并针对不同层级的风险作出相应的管控调整。为统一执行风险评估的标准、赋能合规领域专业人员、提升工作效率及规范化，中兴通讯反贿赂合规团队深度探索和创新风险评估的方法论，设计和输出了“风险评估工具包”“反贿赂合规国别风险画像”，旨在对各业务单位的合规风险进行画像，并运用工具包进一步深度评估和验证各业务单位的风险值，识别真正存在风险的业务领域、业务人员及对应的风险行为，反哺规则设计和规则执行的高效性。其中，“风险评估工具包”包含评估工作启动通知、评估资料需求清单、数据分析、法律及商业环境研究、控制有效测试、问卷、访谈提纲、访谈纪要、评估底稿、评估报告、评估结果沟通、控制改进跟进及关闭验收等评估节点的模板与工具包操作指引。

2. 评审咨询助力合规规则适应性

合规咨询工作是与一线业务人员进行直接沟通的有效途径，而合规评审工作是评审人员在事前对业务是否存在合规风险、能否开展对应业务的评估工作。举例来讲，业务人员在拓展业务的过程中需要引入某家外包商协助做项目的交付工作，则在引入该外包商之前需要经过合规评审，评审通过后方能予以使用。中兴通讯反商业贿赂合规团队为了推进合规评审的规范性，针对 7 个不同业务领域输出了相应的合规评审指引，指导评审人员的工作。

合规评审及咨询在关注合规管控高效性和有效性的同时,可以更加直观地感知业务层面对于规则的理解和执行情况,了解一线的业务场景、员工对于规则的适应性评价以及他们关注的规则热点和难点问题,不断提升合规规则在业务层面的适应性。

在日常的合规评审和合规咨询中搭建起与一线人员的沟通渠道,能够识别规则待优化点及员工的真实诉求,了解反贿赂合规规则在业务一线是否容易获取、合规要求是否易于理解、流程是否清晰、是否适应业务实际发展的需要。为了有效、高效地收集员工的问题,中兴通讯不断开拓多样化的建议或问题反馈渠道和机制,如智能客服咨询、线上空间页面登记、向直属领导/BU 合规接口人/反贿赂合规团队咨询等多种路径,解决员工的合规需求。

同时,公司内外部设定了广泛、无障碍的报告渠道,欢迎员工及时提出自己的担忧和上报风险情况,使自上而下和自下而上的沟通畅通无阻,共建合规文化。

3. 调查审计推动合规规则有效性

合规要求有没有实际被遵从,执行的效果如何,是否真正地管控住了风险,这需要定期的合规审计去进行审查。中兴通讯定期开展国别及专项领域合规审计,检查各业务单位对于反贿赂合规管控规则和流程执行的有效性,对于管控薄弱环节和发现的问题项,要求相应业务单位进行及时整改提升和跟踪闭环;对于潜在的违规行为,交由调查团队进行调查处罚。同时,在合规审计和调查中发现规则或流程设计存在缺漏或不足,也会反哺于规则的优化更新,不断提升规则设计和执行的有效性,促进公司反贿赂合规体系的稳定运行和高效改进。

为了规范合规调查和审计流程,推动合规工作有序、高效开展,不断提升调查审计质量,中兴通讯反贿赂合规团队结合公司反贿赂合规管理实际情况,输出了对应的SOP。其中,载明了执行调查和审计的标准化动作,以及相应的工作模板及具体指引,并实时进行维护更新,以便合规相关人员快速实现能力内化和能力提升,高效、高质开展相关工作。

三、反贿赂合规体系建设实践

(一)风险地图的设计及应用

1. 基于公司业务设计风险评估模型

中兴通讯的经营活动遍布全球160多个国家(地区),由于各个国家(地区)规制贿赂的法律法规、规章制度各异,且考虑到客户等利益相关方的内部政策及其合规期望的不同等多维度的因素,在保留传统风险评估的基础上,为能全貌呈现各经营场所的合规风险,并使风险结果易懂、可视,中兴通讯反商业贿赂合规部门于2020年提出了“风险地图”的构想。其以一种数据可视化工具,具象传达和呈现公司所面临的具体的反贿赂合规风险,帮助公司识别与其业务相关的风险并确定管控的优先级,为公司的管理层及其管理团队在制定贿赂风险管控(降低)资源配置时提供直接的决策参考。

风险地图主要是从国别的角度,利用大数据的方法来分析、横向比较和呈现公司在全球各个国家(地区)经营活动中所面临的贿赂风险,并以量化的方式刻画国别风险值;对一定区间的风险分别以不同颜色在风险地图上予以呈现(低—绿色、中—黄色、较高—浅红色、高风险—深红),从而向利益相关方直观地呈现公司在全球经营活动中的分布状况。当鼠标在风险地图中相应的国家停留时,其具体的风险值也可同步呈现。

中兴通讯在计算相关国别风险值时,主要考虑将透明国际清廉指数、国别固有业务风险、合规治理管控系数等指标纳入评估模型,按一定的权重进行加权以计算得出相关分值。其中,合规治理管控系数由每个国家的子公司合规治理管控加分项与合规治理管控扣分项构成。合规治理管控加分项,由每个国家的子公司根据其在高层重视、合规管理授权、合规资源、风险评估、合规政策、流程管控、举报流程、监督检查等方面的年度工作进行自评得出;合规治理管控扣分项,则是根据每个国家的子公司在一定年度内是否有相关的违规事件而予以扣减。

当然,诚如 ISO 37001 中指出的,该评估模型不是固化的,企业需要根据其内外部环境的变化定期审查评估模型,并根据变化的情况调整该模型,以确保该模型考虑到企业所面临的最新风险。中兴通讯自 2020 年建立该模型以来,一直保持对该模型进行适时的审查和必要的指标调整,确保该模型能够反映和纳入公司关注的重要风险指标。

2. 导入业务数据具象业务风险

反贿赂合规体系的有效运行是合规治理的理念、制度和管理措施的具象化,不仅要反映企业合规制度的价值理念,更应实现企业合规管理的价值目标,即预防企业合规风险,实现防控合规风险效果的最大化。这意味着企业的反贿赂合规体系要能够随时对企业所面临的合规风险进行识别及预警，并能够对提前发现的潜在企业合规风险进行有效管控，最大限度地降低企业合规风险事件发生的可能性或避免其发生，即使发生风险，也应及时采取有效措施将潜在风险对公司的影响降至最低。这就要求企业反贿赂体系不能仅仅停留于少数人员或管理层的参与，而需要全员成为企业经营活动中反贿赂合规风险的识别者、上报者和推动改进者，进而实现风险管控措施的可监控、动态和实时化。

反贿赂合规风险不是生硬的概念和制度，而是能够被业务所理解和感知的具象风险。因此，在公司业务设计好风险评估模型后，可将相关的业务数据导入评估模型中，通过数据说话，从而使企业的合规风险能够具象化。

中兴通讯自 2015 年上线法律及合规管理系统以来，对外提供礼品款待、外部差旅、商业赞助和第三方采购时，均需要在公司的法律及合规管理系统中进行备案或申请反贿赂合规审批，备案完成或审批通过后方可开展业务。这部分数据在风险评估模型中当前的权重值为 70%，对公司的风险评估工作具有举足轻重的作用。因此，公司在开展反贿赂合规风险评估时，有较为全面及易于获取的数据用于风险的分析。

作为一家全球领先的 ICT 综合通信与信息技术解决方案提供商，中兴通讯一直致力于打造合规治理工作的数智化和工具化，以实现公司的反贿赂合规体系从有效向高效迈进，提升公司合规品牌的影响力和价值贡献。然而，任何工作的开展并不都是一蹴而就的。在企业合规创立之初，合规人员需要通过大量文档审阅、问卷调查、穿行测试和访谈等识别和发现风险;在合规体系发展到一定阶段,才可以逐步考虑采用上线 IT 系统、工具建设和引入等方式,通过大数据的分析以识别和发现风险,从而为公司管理层和合规职能人员的风险治理决策提供重要的支撑。

3. 绘制风险地图助力风险管理

按照上述方式进行风险画像之后,中兴通讯保留了两种呈现方式:第一种是以地图的方式进行呈现,可以让业务部门及公司决策者直观地了解公司的整体风险分布情况,并基于其风险偏好,更好地作出资源和管控调整的决策。第二种是以数据表格的方式进行呈现,作为服务于公司合规人员每年用于风险评估、合规审计等合规专项工作规划的重要依据。

(二)以风险为导向践行风险分级治理——以礼品及款待合规管理为例

礼品和款待是常见的商业活动,也是反贿赂合规风险领域之一。通常情况下,基于正当合理的商业目的提供价格适中的礼品及款待,可以发展和深化商业合作关系。但是,提供过于奢侈的礼品或款待,或者带有不正当意图的礼品或款待行为,不仅可能违反接受方的内部合规政策及要求,甚至还存在违反反腐败或反贿赂相关法律法规的风险。事实上,许多企业为了减少或控制过度的礼品或款待行为带来的风险,会建立相应的制度规范和流程,对员工对外赠送礼品及提供款待的行为进行规范的管理。但受到企业所处的外部环境、企业的规模、所处的行业、不同的发展阶段以及企业的风险偏好等内外部因素的影响,不同企业对于礼品及款待的管理方式不尽相同。以中兴通讯为例,公司建立礼品及款待合规管理制度,在规范中明确礼品及款待禁止性规定,如“禁止以谋求特殊待遇,企图获取不当利益回报为目的而赠送礼品”。同时,在流程上,员工对外赠送礼品及款待前需要经过备案或者审批。①

但需要关注的是,风险的控制在一定程度上必然会影响业务效率。如何在有效控制风险的前提下,尽可能降低合规管控对业务的效率影响,是每个企业都会面临的问题。具体到礼品及款待这个业务领域而言,一定体量的公司对外提供礼品及款待的数量较为庞大,如果每一次对外提供礼品或款待前都需要合规人员进行审核,则需要大量的人力、时间,故一些公司只在费用报销环节做控制。但对于具备一定规模的企业,尤其是跨国企业,如果没有任何事前预防或控制措施,或者事前预防或控制措施失效,也会面临被客户投诉或潜在的外部执法风险。那么,如何更好地平衡风险控制和业务效率之间的关系,实现在风险管控前提下,让企业业务更具弹性?中兴通讯基于自身的业务实践,在各业务领域不断探索和践行以风险为导向的合规管理理念和思路,让企业能够在风险可控的边界拓展业务。

以风险为导向的合规管理,是以风险识别为导向,以合规管理为工具,有效推进合规规则与具体业务的深度融合。其中,风险评估是有效风险管理的起点和重要手段,其最终目标是实现风险的分类化管理。从中兴通讯反贿赂合规管理实践和探索来看,对礼品及款待的合规管理可以分为两个阶段:第一阶段,以金额为标准设置事前管控流程;第二阶段,探索以风险为依据设置事前管控流程。

---

① 参见《中兴通讯反贿赂合规手册》,载中兴通讯官网 2020 年 5 月 12 日,https://www.zte.com.cn/content/dam/zte-site/res-www-zte-com-cn/mediares/zte/files/pdf/white_book/202011121413CN.pdf?la=zh-CN。

第一阶段，以金额为标准设置事前合规管控流程，逻辑上主要是根据不同的金额设置不同的审批层级。譬如，在正常的商业往来中，业务人员向客户提供300元的款待，整体上涉及金额较低，风险相对可控，在管控流程上只需要事前备案，不需要进行审批，从而确保业务开展的效率。但如果金额超出一定的标准，则需要进行审批。

第二阶段，探索以风险等级为依据进行风险分级，根据业务场景中涉及的国家、客户、业务期间、涉及金额等因素，评估礼品及款待业务低、中、高风险等级，根据风险等级设置不同的管控流程，进行分级管理。譬如国家维度，根据透明国际全球清廉指数排名，对不同国家固有的风险进行赋值；客户维度，可以根据是否属于国有企业、私营企业进行赋值；业务期间，可以根据是否属于业务敏感期进行赋值。根据赋值的结果对应低、中、高不同的风险等级，再根据风险等级设定对应的审批流程。目前，中兴通讯正从以金额为标准转变为以风险等级为标准。

（三）践行全流程的合规风险管控——以第三方合规管理为例

在市场交易过程中，与第三方商业伙伴的合作是常见的商业形态，例如，公司的日常运转需要供应商提供物资供应，公司产品的销售和推广也会引入渠道和经销商。但是，如果商业伙伴在与公司相关的业务活动中存在不当行为，公司可能需要对商业伙伴的不当行为承担连带责任。中兴通讯对于第三方贿赂风险的管理，主要思路是践行全流程的合规风险管控，包括规则和流程的设计、事前合规评审、事中持续监督、事后审计调查，并借助系统工具实现自动管控。

1. 第三方合规管理制度及管控流程

从制度和流程的设计上，中兴通讯反贿赂合规管理体系构建从政策、手册、管理规范到指引的四级结构。除政策和手册中对第三方商业伙伴的管理要求之外，核心的管理制度是《商业伙伴反贿赂合规管理规范》。该规范明确了全球范围内选用和使用商业伙伴时应当遵循的管控要求与管控流程。在管控要求上，该规范按照红绿灯的思路设置了禁止性风险信号、严控性风险信号和限制性风险信号。

在管控流程上，《商业伙伴反贿赂合规管理规范》在商业伙伴引入前设置了以下管控动作：(1)填写合规调查问卷，业务单位在引入商业伙伴之前，必须要填写商业伙伴合规调查问卷，该问卷的内容作为商业伙伴引入流程中的基本信息资料；(2)进行风险评估，业务单位在引入商业伙伴之前，必须填写商业伙伴风险评估表，根据风险评估表的内容评估出低、中、高风险等级，对于中高风险的商业伙伴必须经过事前的合规评审，低风险的商业伙伴则引入执行业务的管控要求；(3)进行合规承诺，原则上所有的商业伙伴引入都需要签署反贿赂合规承诺书，低风险的商业伙伴在满足特定条件下可以豁免签署；(4)合规尽职调查，对于高风险的商业伙伴，必须经过独立第三方的尽职调查，提交尽职调查报告；(5)开展合规评审，对于中高风险的商业伙伴，在引入和认证通过之前，应申请事前的合规评审，审批结论出具之前不得引入；(6)进行持续监督，对于已经引入并合作的商业伙伴，定期跟进合作情况，审查是否出现新的风险信号或偏离事前的合规管控要求；(7)要求记录保存，需要妥善保存商业伙伴引入过程中的相关文档，并确保信息真实、准确、完整和有效。

2. 第三方引入合规评审及持续监督

事前合规评审是商业伙伴合规管理流程的关键控制点之一，也是风险控制的基本动作。在制度和流程设计中，合规人员应按照管理规范的要求，对商业伙伴的引入中是否存在风险进行审核，这是事前合规风险控制的关键环节。对第三方引入进行合规评审也是合规人员履职的基本能力要求之一，需要合规人员根据业务信息综合判断是否存在风险，同时进行妥当的风险应对和风险处置。

为了更加有效地执行好事前合规风险的预防和控制，中兴通讯在业务实践中的措施包括但不限于：(1)形成规范的商业伙伴合规评审指引。这主要基于商业伙伴反贿赂合规管理规范的要求，在结合外部执法案例以及历史处理案例的基础上进行挖掘和积累，不断优化并形成规范的评审指引，通过标准文档，在指导合规人员更加高效和高质量处理业务的同时，不断积累业务处理经验，提高业务成熟度。(2)定期跟进业务处理的质量和效率。通过梳理一定期间内商业伙伴合规评审业务的质量和效率，定期进行复盘，在业务开展的过程中及时进行跟进和管理，确保业务处理的效率和质量。(3)常态化的能力提升活动。在事前合规管控中，精准有效地识别风险是至关重要的，除了依赖于合规评审指引之外，合规评审人员的风险意识和综合能力也非常关键。一方面，需要不断提升合规评审人员对于风险因子的敏感度，如商业伙伴的背景信息、资质经验、是否存在利益冲突等；另一方面，需要不断提升合规评审人员的评审技能，如尽职调查、沟通访谈等。通过常态化的能力提升活动，提升合规评审人员的整体风险认知水平、学习和交流评审技能，最终可提高其风险识别的能力。

事前的合规评审只是风险控制的一个环节，对于商业伙伴风险的控制，不能仅仅依赖于事前合规评审，因为合规评审本身具有局限性，同时风险具有动态变化的特质。因此，对于商业伙伴引入后的风险控制依赖于定期的跟踪和测试，也就是持续监督工作。

事中持续监督是对已经引入并处于合作过程中的商业伙伴的合作情况进行跟踪和检查，以核实商业伙伴引入后风险是否发生变化，实际合作情况是否与合同的约定保持一致等。有效开展对于商业伙伴的持续监督，需要做到以下几点：首先，要有良好的持续监督工作机制。在开展持续监督过程中，需要设计关键的指标以获取更加完整的信息（如项目信息、客户信息、履约信息、付款情况等），相较于事前合规评审，事中监督有更加丰富的信息来帮助合规人员评估风险。此外在工作机制上，除了关注检查本身是否有效之外，还需要考虑检查结果的应用，如对于检查出来的偏离项如何整改提升，对于存在的违规线索如何进行流转，与合规审计和合规调查如何更好地衔接等。中兴通讯在不断解决前述问题的同时，形成了一套完整的工作机制，使持续监督工作成为衔接事前合规评审和事后审计调查的中间环节，从全流程的角度对风险进行监测和预防。

其次，前述工作机制能妥善地执行。好的工作机制只有在执行中才能发挥效果，并且在执行中不断提升和完善。对于在持续监督中识别的问题，应进行分级处理，对于非实质性风险的问题项，侧重于通过管理手段要求整改和提升，如对检查的结果进行公示，引起相关方的关注，并要求责任单位进行整改和提升；对于存在实质性风险或者潜在违规行为的，要求暂停付款、暂停合作等，并按照第三方审计或调查的工作机制进行流转，通过不同方式和举措及时释放风险。

最后,执行效果的提升。这是持续监督开展的目的所在,需要通过持续监督及时识别和降低业务实际风险,确保业务合规开展。

3. 第三方合规管理自动化管控

在合规管理的实践中,要确保合规管理体系的有效和高效,系统化、自动化是一个绕不开的课题。在第三方商业伙伴的管控中,同样在向系统化和自动化迈进,借助于系统不断提升管控的效率,降低管控的成本。基于中兴通讯的实践,对第三方的自动化管控主要分为如下两个方面:

首先,引入商业伙伴自动化扫描系统,与业务系统关联,对业务数据进行实时扫描,及时发现潜在风险。以供应商管理系统为例,商业伙伴自动化扫描系统与供应商关联系统对接之后,申请人在提交供应商认证申请时,商业伙伴扫描系统会对供应商名称进行扫描,如果识别到该商业伙伴存在与贿赂风险相关的信息,供应商管理系统会提示相关风险,负责供应商认证业务的人员会将该风险上报,帮助公司及时发现风险,并进行评估和处理。

其次,商业伙伴自动化扫描系统覆盖从引入到付款全流程,不仅覆盖商业伙伴引入,在向商业伙伴进行付款时同样会进行扫描。贿赂风险很大程度上是与不当付款相关的,因此对付款环节的管控至关重要。在目前的管控流程中,商业伙伴自动化扫描系统已经实现与财务支付系统的对接,可以对公司的每一笔付款进行扫描,并在系统中设置管控流程,对于存在与贿赂风险相关的信息的主体,系统会自动生成警报,推送到合规人员进行处理。合规人员的评估处理流程均在系统中完成,一方面能提升管控的有效性,另一方面方便记录的保存。

第五章

数据保护专项合规实务

中兴通讯遵从业务所在国家和地区适用的数据保护法律法规,持续加强数据保护合规体系建设和能力建设。本章将简要介绍数据保护合规目标的构成要素、合规义务的履行机制,重点阐述数据保护合规要求是如何有效落实到中兴通讯具体业务过程中的,同时分享与相关方共建合规、引入数据保护认证、促进隐私技术创新等方面的良好实践。

一、数据保护合规目标:风险管理与信任构建

中兴通讯明确了“法律遵从”“信任共建”“道德履行”的数据保护目

标，将数据保护要求融入公司产品、服务和管理活动中，一方面致力于精准、有效的风险管理，另一方面致力于满足监管方、客户、供应商和合作伙伴的多方期待，以主动建设凝聚数字信任。

（一）遵从法律要求，防范市场风险

中兴通讯遵守业务所在国家和地区适用的数据保护法律法规，采取以风险为导向的合规管理方法，通过外部法律义务识别和规则转化，逐步完善内部政策、制度、指引、流程，主动借鉴业界最佳实践，适应不断变化的内外环境。

中兴通讯建立了数据保护合规体系并持续改进，致力于在遵从法律规定、满足监管要求的前提下，做到契合行业特点、符合企业实际。与此同时，围绕“始于法律，合于规则，嵌于业务，信于客户，融于品牌”的主脉络，数据保护合规持续推进“合规创造价值”理念并付诸行动。例如，在确保风险管控的前提下，积极推动业务自治自理，努力将业务部门的合规投入转换为产品服务的市场价值，通过“正循环”的合规导入带动“正反馈”的合规落地，促进业务与合规的共情、共建、共赢。

（二）适配业务开展，共建合规信任

为了促进合规规则和实际业务的有效适配，中兴通讯在自上而下的数据保护合规规则设计基础上，推动自下而上规则反哺，推进合规与业务的深度融合。规则上，致力于可查易查，易学易懂，便于遵从，动态优化；执行上，致力于要求嵌入流程，管控融入场景，易于执行，监督有力；互动上，业

务部门主导梳理业务中涉及的数据处理活动，合规部门主导风险评估，技术部门主导数字化系统和工具开发，共同推动合规要求嵌入业务流程、有效和高效落实。

基于对企业内外部相关方的隐私关切、数据权利的尊重，中兴通讯将数据主体、数据控制者、数据处理者的权利义务贯穿到产品设计、管理内控、服务交付中，推动数据保护的场景穿透和实质运用，促进合规工作在企业内部的吸收、转化和融合，在企业外部的感知、认同和信任。

（三）护航企业经营，履行数字道德

数据保护是数字世界的共识和纽带之一。中兴通讯在确保自身产品及服务合规的同时，与产业链上下游各方协同，共建合规生态，贡献合规成果。

中兴通讯坚守合规前提下的商业可持续，履行数字世界的隐私道德，以卓越的数据保护合规能力守护用户、客户、合作伙伴、供应商、股东、员工等相关方利益，持续提升数据保护合规的效果、效率和效益。在效果方面，促进合规管理与产品服务良性互动、持续有效；在效率方面，降低人工和线下管控点占比，提升效率；在效益方面，平衡成本和管理投入，通过默认隐私保护设计促进源头合规、减少末端整改。

二、数据保护合规管理：风险识别到执行落地

随着数字经济成为经济增长的新引擎，数据安全和个人数据保护的基

础保障作用日益凸显。与之相适应,全球主要国家和地区开始加速制定或更新网络法、数据法、隐私法,数字规则成为企业经营活动与合规管理的核心对象之一。

数据保护的本源来自强烈的数字变革。在新的技术基础上,大量的数据被低成本、广泛、大规模采集,数据与人建立了强相关的关系,并与数据主权、国家安全强相关。数据保护立法呈现欧洲引领、全球规制的态势。在复杂的合规环境下,如何识别关键风险,将外部尚不明确的规则转化为企业内部的清晰指引,在不确定的外部环境下履行确定的合规义务,借助系统工具实现低成本的IT化合规管控,成为大多数企业关切的首要问题。

(一)从四个维度识别、评估数据保护风险

风险评估的目的是识别企业可能面对的合规风险,并建立管控措施来规避这些风险。风险评估应确保效率和周期性、持续性,根据自身资源、业务特点采取适当的评估方式,确保识别主要风险,实施风险管控。中兴通讯建立了以风险为导向的数据保护合规管理体系,通过风险评估与持续改进,更好地适应不断变化的内外部环境。

企业的不同数据处理角色,决定了数据处理过程中存在的风险点及管控措施。作为数据控制者时,企业应审慎评估数据处理的目的,并合法合规开展数据处理活动;作为数据处理者时,企业应在数据控制者的指示和要求下开展数据处理活动。

数据保护合规风险评估主要包括四个维度:

1. 满足数据收集和处理的前提条件

(1)作为直接面向个人用户提供产品/服务的数据控制者时，主要评估：

①是否已核对并记录数据处理活动的目的；

②数据处理活动是否具备适当的合法性基础；

③需要获得数据主体同意的，是否已获得其同意并允许其撤回，是否对同意的获取情况进行记录；

④需进行数据保护影响评估的，是否进行评估；

⑤涉及数据处理者或共同数据控制者时，是否与其签署适当的协议；

⑥是否对各项数据处理活动进行全面及时的记录。

(2)作为面向客户、合作伙伴提供产品/服务的数据处理者时，主要评估：

①是否与数据控制者签订适当的协议；

②是否严格按照数据控制者的书面指示进行个人数据处理活动；

③是否会在非经个人数据主体同意时，将从数据控制者处获取的相关数据用于营销和广告；

④当数据控制者的数据处理指示违反相关法律法规规定时，是否会及时通知数据控制者；

⑤是否会采取适当的措施以协助数据控制者实现合规要求；

⑥是否会对各项数据处理活动进行全面及时的记录。

2. 履行对数据主体应当承担的义务

(1)作为直接面向个人用户提供产品/服务的数据控制者时，主要评估：

①是否明确应对数据主体所承担的义务；

②是否向数据主体提供隐私通知；

③是否具备相应的机制以实现数据主体所行使的权利；

④是否具备相应的机制以响应数据主体的权利请求；

⑤涉及自动化处理时，是否赋予数据主体相应的权利；

⑥当发生个人数据主体权利请求时，是否及时向共享了个人数据的数据处理者或共同数据控制者进行通知；

⑦是否在规定时间内对数据主体的权利请求进行响应。

（2）作为面向客户、合作伙伴提供产品/服务的数据处理者时，主要评估是否能积极协助数据控制者对数据主体的权利请求进行响应。

3. 具备设计和默认的数据保护要求

（1）作为直接面向个人用户提供产品/服务的数据控制者时，主要评估：

①是否会仅在目的范围内收集和处理个人数据；

②是否可以保证各项数据的质量和准确性；

③是否明确数据最小化的目标，或是否会采取相关措施以实现数据最小化的要求；

④数据处理活动后是否会及时删除数据或进行去标识化处理，或对处理过程中创建的临时文件进行及时删除或销毁；

⑤是否设置明确的个人数据存储期限；

⑥是否会采取适当的措施以保证数据存储和传输安全、准确。

(2)作为面向客户、合作伙伴提供产品/服务的数据处理者时，主要评估：

①是否会对数据处理过程中创建的临时文件进行及时删除或销毁；

②数据处理活动结束后，是否会按照协议要求及时返还、传输或处置个人数据，并向控制者提供相应的证明；

③是否会采取适当的措施以保证数据存储和传输安全，以及到达指定接收处。

4. 确保数据共享披露与传输合规性

(1)作为直接面向个人用户提供产品/服务的数据控制者时，主要评估：

①是否能明确数据共享、披露或传输双方的基本信息，特别是在双方所在法域；

②是否能明确进行数据共享、披露或传输的合法依据，特别是涉及跨境传输的情形；

③是否会对数据共享、披露或传输进行全面及时的记录。

(2)作为面向客户、合作伙伴提供产品/服务的数据处理者时，主要评估：

①是否能明确数据披露或传输双方的基本信息，特别是在双方所在法域；

②是否能明确进行数据披露或传输的合法依据，特别是涉及跨境传输的情形；

③是否会及时向数据控制者通知数据披露请求；

④是否会提前告知客户个人数据子处理者的任用、变更等相关信息。

中兴通讯结合风险评估方法,针对合规管控点,通过自查、检查、审计、调查等不同方式验证和监督数据处理活动,确保合规治理要求及合规管控点的切实执行。通过动态的业务再评估和风险再发现,反哺和优化合规规则,调整和改善管控措施,提高整体数据保护合规水平。

(二)以风险导向推动、落实数据保护义务

作为全球领先的综合通信信息解决方案提供商、数字经济的筑路者,中兴通讯高度重视数字规则,视其为数字经济下法律遵从、信任共建、道德履行的重要基线。围绕数据和隐私保护,中兴通讯全面遵守业务所在国家和地区适用的法律法规,建立完整的管理架构,实施系统的风险控制,构建端到端、流程化、闭环型的合规体系,把数据保护理念融入产品设计和服务提供过程,将一流数据保护能力作为企业竞争力的关键内涵,与客户、供应商及合作伙伴共同推进合规前提下的商业可持续发展。

1. 聚焦产品,嵌入隐私保护设计

作为隐私和数据保护的核心理念,隐私保护设计(Privacy by Design,PbD)是企业合规工作的重要一环。通过 PbD,中兴通讯把数据保护要求以技术手段运用到产品和服务的设计中,实现合规源头管控。对于中兴通讯,PbD 不是产品设计成本、合规加固成本的可选项,而是基础项。其不仅可以建立客户信任,使产品更具有生命力,还可以决定产品能否拿到数字时代的市场竞争入场券。

(1)PbD 工作指南

基于 PbD 的核心理念,中兴通讯将欧盟网络和信息安全局(European

Union Agency for Cybersecurity, ENISA)报告的8项隐私保护设计策略运用到产品和服务设计中,包括:①最小化;②隐藏;③隔离;④聚合;⑤通知;⑥控制;⑦强制/执行;⑧证明。(见表5-1)

表5-1 隐私保护设计策略

设计策略	说明
最小化	应对个人数据收集限定最小范围和最低频次,这是最核心的隐私保护设计策略
隐藏	应对系统收集的所有个人数据以及彼此之间的联系进行隐藏处理,以便让个人数据具备不可链接性和不可观察性,进而避免被滥用的可能
隔离	应采用分散、隔离的方式来储存和处理个人数据。通过对同一数据主体不同来源的个人数据进行分离储存和处理,增加获取数据主体完整画像的难度。 实践中,不同来源的个人数据应存储在不同数据库中,并且彼此之间不存在链接关系。所有的个人数据都应尽可能本地化处理和储存,数据库列表应尽可能地隔离,以便让个人数据之间很难建立联系
聚合	应在保证个人数据可用性的前提下,尽可能以高度聚合形态来处理个人数据,以便将个人数据细节模糊化。通过将不同性质或不同群体的个人数据聚合在一起,可以有效限制数据的细节信息,让个人数据变得不那么敏感
通知	应在向数据主体提供产品服务时,告知数据主体关于个人数据收集范围、方式、处理目的、第三方合作情况、享有的数据主体权利以及权利行使方式等信息
控制	应保障数据主体对其个人数据享有的合法权利。根据相关法律要求,数据主体通常具有访问、更正、删除等权利,控制策略要求系统的设计应有助于数据主体行使这些权利
强制/执行	应制定符合法律要求的数据保护管理制度,并采取措施确保执行管理制度
证明	应留存证据证明产品或服务符合外部的个人数据保护法律法规和监管要求、合同约定以及内部数据保护管理制度要求

(2)PbD 实施策略

①数据收集和使用

在数据收集和使用环节,中兴通讯的产品/服务的研发设计和运营强调数据最小化的收集使用,确保数据主体得到充分的告知,同时提供必要的工具以使个人数据得到充分的保护。

②数据存储

在数据存储环节,除相关法律法规另有规定或数据主体另有授权外,中兴通讯基于数据存储的最小化、隐藏、聚合策略,确保个人数据的存储期限为实现数据主体授权使用目的所必需的最短时间。此外,在收集个人数据后进行去标识化处理,并采取技术和管理方面的措施,将可用于恢复识别个人的信息与去标识化后的信息分开存储,同时加强访问和使用的权限管理。

③数据对外提供

中国法律法规对于数据共享环节的监管要求远远高于境外。中兴通讯遵从高标准的法律法规要求,详细披露数据接收方的身份和联系方式、对外提供的数据类型、目的及接收方数据安全能力。若提供方式包含软件开发工具包(Software Development Kit, SDK),会遵守额外的 SDK 安全管理和披露规范。

④数据删除/销毁

在数据销毁环节,若数据保存不再具备处理数据的合法目的或用户撤回同意,或产品/服务终止运营,中兴通讯会及时删除相关数据。对于达到特定密级的数据,中兴通讯会采用必要的安全销毁方式。

中兴通讯借鉴《介质清理指南》(NIST SP 800－88)和美国国防部与美国国家标准与技术研究院针对数据销毁提供的诸如7次以上覆写、加密擦除、消磁、物理销毁等不同等级的清除方式指南,以实现媒介上的目标数据在一定程度上无法访问。实践中,可借鉴的数据销毁方法还包括:将随机数据多次写入相关存储硬盘扇区中;在备份前对数据进行加密,将该等加密密钥与特定的保存期限关联起来,只要销毁特定密钥,就可销毁相关所有数据。

(3)PbD合规要求

①权利保障

数据主体权利保障是PbD重要的关注内容,中兴通讯采取适当的措施,通过设计和默认设置方式以有效地实施数据保护原则,保护数据主体的权利和自由。对于中国监管方非常重视的数据控制者对账户注销权的保障,中兴通讯在采用交互式页面(如网站、移动互联网应用程序、客户端软件等)的产品或服务时,设置便捷的交互式页面功能或选项,便于数据主体在线行使其访问、更正、删除、撤回授权同意、注销账户等权利。

②安全责任

PbD设计中,安全责任属于与传统数据安全重合较多的一部分。基于《中华人民共和国个人信息保护法》(以下简称《个人信息保护法》)中对于个人数据处理者的安全责任要求,为有效保障数据的完整性、机密性和可用性,中兴通讯采取技术措施和其他必要措施防止数据泄露、篡改、丢失及损毁,例如:

- 建立健全内部数据安全管理制度和操作规程；
- 对数据实施分级分类管理；
- 采取必要的加密、去标识化等安全技术措施；
- 合理确定个人数据处理的操作权限，并定期对相关人员进行培训；
- 指定个人数据保护负责人，并公开负责人的姓名和联系方式；
- 定期审计个人数据处理活动；
- 加强风险监测，对个人数据处理活动进行安全影响评估；
- 建立健全数据安全事件的应急处理、报告和通知制度。

2. 围绕场景，管理复杂跨境活动

在全球数据跨境流动规则框架下，企业难以回避数据跨境流动规则的深刻影响。中兴通讯高度重视数据跨境流动管控形势和发展态势，在全球业务和经营活动中主动进行合规遵从，对冲和降低风险与不确定性压力，并将数据跨境风险控制机制化、常态化。

（1）数据跨境合规痛点难点

①数据体量大。大数据背景下，企业生产经营过程中产生的数据呈爆炸式增长，且涉及数据类型丰富多变。

②属性识别难。关于个人数据、重要数据等在监管定义上通常采用概括式的表达形式，虽为企业提供了一定灵活度，但也为企业对数据的法律属性识别带来了模糊性和不确定性。

③载体拆分难。多种类型的非结构化数据，可能同时集合在同一载体或分散在不同载体中，难以拆分、合并和精准识别。

④企业业务场景多样。随着企业成长与发展，业务数据随之交互融

合，加大了数据跨境路径梳理和相关责任方识别的难度。

⑤数据流转路径复杂。数字化转型背景下，企业的业务数据往往通过线上系统进行流转处理，业务系统间数据存在交叉传输的情况；同时，出于成本、效率等多因素考虑，企业的系统服务器通常集中部署、统一管理，导致在全球化业务开展过程中涉及频繁、复杂的数据跨境流转。

⑥角色法定含义不同。不同法域对数据处理角色的定义、相应责任与义务的规定不尽相同。在复杂的数据流转链条下，企业难以准确判断自身角色、明确责任和义务，给企业数据跨境合规管控的力度决策带来障碍。

⑦全球规则层次多样。全球尚未形成统一的数据跨境治理框架，各国家/地区受数据主权、人权保护、地缘政治、贸易模式等因素影响，制定了侧重点不同、各个层次的数据跨境规则。

⑧不同法域规则冲突。企业在开展数据跨境流动活动时，需要同时考虑数据输出地和输入地的数据跨境规则，给企业“双向合规”带来困难。

⑨规则动态发展变化。基于公民权益、国家安全、数据主权等多重考量的数据跨境规则呈现明确化、具体化的特征，使企业数据跨境合规体系的设计、执行和维护成本进一步增加。

(2)数据跨境合规典型场景

①集团管理中的数据跨境。在中兴通讯日常运营管理过程中，由于总部对分支机构有集中管理的客观需要，分支机构对总部也有数据调用的实际需求，数据跨境成为企业运营中必要、高频且规模化的常规数据处理活动。常见的数据跨境场景如表5－2所示。

表 5－2　集团管理中的数据跨境场景

业务场景	数据跨境场景	相关字段
供应商管理	跨国企业实施全球供应商集中管理	供应商联系人、接口人、职务、电话号码、传真、电子邮件等信息
采购管理	跨国企业实施全球采购信息集中管理	客户对接人姓名、地址、邮编、联系方式等信息
财务管理	企业总部统一管理全球子公司员工的薪酬发放、报销、报税等相关事宜	员工账户信息、薪资数据、报销单据、税务单据等信息
人事管理	企业总部为全球子公司开展招聘业务、实施集团内部人力资源管理工作	员工姓名、电话号码、职位、教育背景、工作表现、薪资福利等信息
文档管理	企业建立全球文档管理平台	合同、过程性文档等内部文件中可能包含的个人数据

②业务活动中的数据跨境。业务活动中同样涉及大量数据跨境情况，一方面，为扩展海外市场，产生大量产品销售、品牌推广、售后维护相关数据跨境传输；另一方面，为节约成本，部署全球供应链时也致使数据跨境流转路径复杂。常见的数据跨境场景如表 5－3 所示。

表 5－3　业务活动中的数据跨境场景

业务场景	数据跨境场景	相关字段
供应链	国际货运及仓储等环节收集供应商、收货人、仓库对接人等必要个人数据并集中管理	供应商、收货人、仓库对接人的姓名、联系方式、地址等信息
市场销售	企业在进行全球市场调研、客户关系维护等过程中，需要收集、使用和维护客户信息	客户/潜在客户个人数据，包括姓名、电话号码、电子邮箱等信息
远程运维	企业通过网络远程接入境外系统网络进行技术支持、故障处理	用户电话号码、IMSI、IP address、呼叫记录等信息
电商平台	企业在全球开展线上产品销售业务时，跨境处理电商平台用户订单、物流信息	用户姓名、电话号码、订单信息、收货地址等信息

(3)数据跨境合规管控要点

由于数据跨境场景各不相同,各法域的数据跨境规则也并未具体到场景维度。中兴通讯结合法律法规的要求、相关行业标准,形成数据跨境合规管控关键管控点。(见表5-4)

表5-4 数据跨境合规管控要点

阶段	合规管控要点
跨境前:评估	数据清单梳理
	数据跨境流转路径识别
	境外接收方识别和能力评估
	数据跨境目的的合法性、必要性评估
	数据字段最小化评估
	特殊类型数据筛查、拦截(国家秘密、重要数据、个人数据等)
	约定数据发送方与境外接收方的数据安全保护责任义务
	企业内部相关方会签审批
	向监管机构备案/获得授权
	相关人员培训
跨境中:执行	加固跨境保障机制(签署跨境转移协议、隐私告知书等)
	保障传输安全性
	记录数据处理过程
	严格管控访问权限
	监控和防范数据泄露风险
	保障数据主体权利响应通道
跨境后:管理	目的完成后及时删除/销毁数据
	开展数据跨境合规审计

3.强化协同,运行安全合规机制

集合安全、技术、合规、管理等多领域专家,中兴通讯建立了数据安全合规联席工作机制，围绕数据安全合规治理开展联合行动，针对个人数据跨境传输、新技术数据合规等高风险数据保护场景，加固数据安全、提升合规信任。

(1)产品安全共建

中兴通讯将网络安全作为产品研发和交付的最高优先级，实施自上而下、基于风险的网络安全治理，覆盖供应链、研发、工程服务、事件管理和各支撑职能领域，形成了贯穿产品生命周期的产品安全保障体系。中兴通讯秉承开放透明的原则，在中国、意大利运营网络安全实验室，在比利时和土耳其建立透明中心，使客户、监管以及利益相关方能够便捷、透明地验证中兴通讯的产品安全性。

产品安全与数据保护息息相关，海外特别是欧洲市场对网络安全和数据保护的监管要求不断加强，客户要求不断提升。在产品交付全流程，为保护客户数据，中兴通讯创建了体系化的管理和技术规范，确保公司提供的产品和服务满足法律法规、业界标准、客户标书的安全合规要求。在海外安全合规增信项目中，产品安全与数据保护保持协同开拓，积极推动与监管客户沟通、参与行业会议论坛、宣传公司安全举措和成果，以开放透明的态度获取市场信任。

(2)信息管理共建

中兴通讯实施信息全生命周期管控，保护信息机密性、完整性、可用性，建立了完整的信息安全管理体系、档案及文档管理体系，并定期开展信息安全生命周期稽查工作，发现和调查相关违法违规行为，提升全员信息管理意识。中兴通讯开展了关于加强个人数据安全治理的项目，以降低个人数据的泄露、滥用风险。通过识别包含个人数据的高风险系统，将个人数据后台导出纳入信息安全内审，将“显示、导出、交换”的安全治理要求嵌入流程，确保系统功能“不达标，不上线”。

中兴通讯将信息管理与数据保护有机结合，建立了嵌入信息安全管理流程的数据保护机制。信息管理是数据保护的安全前提，数据保护是信息管理的重要目标。如发生数据泄露事件，一方面涉及信息系统的机密性缺陷，另一方面也涉及泄露后可能对数据主体权益的侵害。只有数据保护与信息管理通力合作，才能共同解决和处理风险事件。

4. 快速响应，处置合规风险事件

数据保护合规风险事件通常由监管、审计、舆情、诉讼等触发，被动响应风险事件只能解决一时之事，主动建设防控风险事件才是践行隐私道德的重要途径。中兴通讯持续通过风控、增信和品牌建设防控风险事件。

(1) 监管响应

监管机构通常在公司发生重大的数据安全事件或遭到用户投诉时，发起监管动作，一般要求公司提供相关文件以证明符合相关法律法规的要求。

通常情况下，数据保护监管主要关注公司的数据保护合规文件与实施。数据保护合规文件包括数据保护合规各项规范、合规记录、数据处理记录及必要情况下的数据保护影响评估报告等，如遇监管审查需积极主动配合，按照监管机构的具体要求提供相应的证明文件。

(2) 审计响应

在与客户及合作伙伴开展业务合作时，客户及合作伙伴可能对公司开展数据保护合规审计,要求公司提供相关文件以证明符合相关法律法规的要求,以及客户及合作伙伴的要求。

一般情况下,数据保护审计主要关注公司的数据保护合规文件及其实施。数据保护合规文件包括数据保护合规各项规范、合规记录、数据处理记录及必要情况下的数据保护影响评估报告等。

当客户及合作伙伴对公司的数据保护合规情况进行审计时,应按照客户及合作伙伴提出的审计要求及协议约定等,全面提供相应的证明文件,积极配合审计的各项工作。

(3)舆情响应

舆情一般伴随风险事件发生,如遇数据保护相关的负面舆情,应及时将相关情况上报至合规部门及品牌部门,组建团队输出应对方案并实施,直至事态平息。其中,如果是真实事件,应及时复盘总结问题根因及不足,组织整改并验收;如果是不实事件,应联合法务团队追责,必要情况下通过法律维权维护公司品牌形象。

(4)诉讼响应

诉讼一般由数据主体发起或由具有公益诉讼职责的机构发起,如遇数据保护领域诉讼,合规部门及法务部门应协作响应,确有违规事项的,应积极整改。

被动应对诉讼始终会对企业声誉造成一定影响,中兴通讯通过主动合规建设防控诉讼风险,建立通畅的数据主体沟通渠道,及时接收数据主体反馈并积极响应,避免诉讼的发生。

(三)将外部要求转化、内化数据保护规则

1. 保持核心法律研究

中兴通讯密切关注全球重点国家和地区的外部规则,研究转化为适用的内部规则。依托欧盟《通用数据保护条例》等全球主流数据和隐私法,中国《网络安全法》《数据安全法》《个人信息保护法》及配套文件,结合国际标准组织发布的 ISO/IEC 27701:2019《隐私信息管理体系》等国际标准,全国信息安全标准化技术委员会发布的 GB/T 35273《信息安全技术 个人信息安全规范》等国家标准,将个人数据在收集、存储、使用、共享、转让、公开披露等环节的要求吸收融入内部规则中。

中兴通讯按照实证合规方法进行法律研究。针对专业领域,研究形成《GDPR 执法案例精选白皮书》《GDPR 执法案例全景白皮书》;立足通信行业,研究形成《5G 应用场景与隐私保护研究报告》,为 5G 技术应用注入"合规"动能;面向全球伙伴,发布《中兴通讯隐私保护白皮书》,主动将数据保护理念对外公开、完整、透明诠释。

2. 建立分层规则体系

中兴通讯数据保护合规规则体系分为三层架构:政策、规范、指引。政策体现数据保护合规的基本原则和基本要求,在数据保护合规规则体系中居于核心和最高地位。规范是业务开展所依据的数据保护合规总体性指导,并就关键合规义务进行细化或明确要求。指引是根据各业务领域自身特色、贴近业务场景细化的数据保护合规业务指导文件,包括具体业务操作的具体落地流程指引,通过自下而上的业务痛点识别对具体场景给出的

详细指导性文件。

3. 明确关键合规义务

数据保护合规规则纷繁复杂,中兴通讯根据关键合规义务出具规范,如数据保护影响评估、隐私保护设计、数据跨境、数据主体权利响应、数据泄露响应。同时,中兴通讯根据自身业务特色出具规范,如移动互联网应用程序(App)个人数据保护规范、数据后台提取合规管控规范等。

合规规则的最终目的是指导业务合规落地,服务业务的长效发展。例如,中兴通讯的主营业务围绕运营商设备销售及服务开展,故主要关注产品隐私保护设计的合规落地及售后运维服务中对客户数据的保护,从源头确保产品数据保护合规,以主动披露获取客户对于公司数据保护合规遵从的信心。

4. 借鉴外部监管案例

合规人员的首要责任是将法条中的原则性规定转化为可落地的具体合规指引,从实际案例中借鉴场景化指引是有效手段之一,既可以判断监管机构关注的重点,亦可以从案例处罚原因准确理解合规要求。随着以风险为导向的合规管控方法日益深化,针对数据保护执法态势的深入研究和密切监测,有助于中兴通讯明确业务治理要点,清晰国别合规风控重点,有效预防或提前预警合规风险。

中兴通讯发布的《GDPR 执法案例全景白皮书》针对每个案例,从处罚金额、依据、时间、案件事实、违规分析、合规启示六个方面进行呈现挖掘,并匹配场景化红线,以期最大限度发挥案例的借鉴启示意义,为中兴通讯的数据保护提供最鲜活的经验,最终实现合规创造价值。

5. 激发业务探索实践

中兴通讯针对数据保护领域法律法规频繁出台、成熟治理方案相对滞后的专业现状,采取“研究牵引合规转化,探索促进合规理解,实践推动合规落地”的基本策略,鼓励合规要求与业务的灵活结合,在鲜活场景中积累实践经验,解决复杂多变的实操挑战。

中兴通讯将业务部门实施的数据保护良好实践案例进行收集整理,从组织措施、技术措施、合规管控措施三个方面进行分类汇编,形成内部数据保护良好实践案例集。通过数据保护合规实践成果呈现,不断促进公司内部各业务领域对合规方法与管控措施的交流与学习,使得数据保护合规措施不断优化与完善,扩展合规在业务中的执行基础,提升企业整体数据保护能力和水平。

(四)用系统工具支撑、提效数据保护管控

随着法律法规不断完善和数字经济深化演进,监管机构对于用户权利实现与用户数据控制提出了日益趋严的要求,用户对数据保护、数据管理和隐私权利方面的顾虑和需求逐渐提升,企业传统的合规流程、安全技术措施和人工处理方式已经无法满足外部用户和企业内部日益增多的合规需求。基于新的技术和 IT 化手段,为数据保护提供可靠的解决方案,已经成为中兴通讯数据保护合规的新方向。

中兴通讯通过信息系统改造和专业工具嵌入,促进合规管理的数字化转型。通过持续加强 IT 化建设,引入信息系统、专业工具以及技术方案,整合现有数据保护管理流程和 IT 环境,确保全流程数据处理可记录、可查

询、可追溯和可验证,逐步实现全流程、一体化、自动化管控。

中兴通讯的合规 IT 化建设主要从适配合规业务和贴切用户需求出发,避免 IT 解决方案无法满足企业实际的业务需求,或出现数据保护运营与实际业务场景割裂的情景。同时,贴合用户需求和使用场景,在用户旅程设计、界面设计等方面提升体验,通过合规 IT 化系统将数据保护嵌入日常业务运营,将“数据保护”作为建立企业可信形象的一大亮点。

1. 数据合规系统

中兴通讯建设数据合规系统,提供外部用户数据管理统一入口和面向公司内部数据保护运营载体,以自动化代替或辅助人工提升效率和质量,实时、动态展示数据管理活动情况,主动遵从法律法规要求。

数据合规系统作为系统和工具的集成载体,包括隐私中心、隐私合规评审系统、个人数据泄露响应系统、数据主体权利响应系统、数据保护影响评估系统、App 安全合规扫描工具,持续不断根据业务需求进行拓展。通过对各个系统功能的集成,数据合规系统可以解决人工无法识别的合规风险问题,提升风险识别和分析准确性,解决风险潜在遗漏,实现风险闭环,并通过记录保存全局把握企业数据动态,保障企业合规运营,提高企业数据保护管理自动化和智能化水平,降本提效。

目前,市场现有第三方工具和自建系统缺乏验证,数据合规系统市场需求和产品商业综合价值不可小觑。数据合规系统的长期规划是在满足内部合规需求的前提下,未来以商品化的方向对外可移,帮助不同客户企业、同行企业、供应商共同实现合规 IT 化。

2. 隐私中心

中兴通讯隐私中心(见图 5－1)嵌入中兴通讯官网,面向全球客户、合作伙伴、消费者和相关方等外部用户,提供隐私合规建设的统一访问入口和交互服务。隐私中心对标全球头部跨国企业,由中兴通讯原创设计了五大模块,全面呈现中兴通讯数据保护理念和服务成果、产品隐私特性、隐私管理功能,打造用户数据保护专区,为用户提供多样化和交互式的隐私咨询和问题反馈渠道。其中,五大模块分别是中兴隐私、产品隐私、用户隐私、隐私建设、隐私政策。

图 5－1　中兴通讯隐私中心

①中兴隐私包括“隐私承诺”“隐私实践”“隐私认证”,用户可以了解中兴通讯数据保护理念、目标,查询产品隐私保护特性,咨询隐私保护问题,查阅隐私建设成果;

②产品隐私包括“产品隐私特性”“产品隐私管理”,用户可以了解中兴通讯的产品安全特性,以及中兴通讯如何通过创新的技术和解决方案来保护用户的隐私;

③用户隐私包括“咨询隐私问题”“提供隐私建议”“行使隐私权利”“上报数据泄露”,用户可以提交与隐私相关问题与建议、行使数据主体权利、报告疑似数据泄露事件;

④隐私建设包括“隐私保护认证”“隐私保护白皮书”“隐私保护研究报告”，用户可以详细了解中兴通讯已获得的数据保护认证，下载隐私保护白皮书和隐私保护相关研究报告；

⑤隐私政策包括“隐私政策”“Cookies 政策”，用户可以轻松访问、全面阅读中兴通讯隐私政策，了解涉及的数据类别、收集目的、保留期限、数据共享和跨境传输。

中兴通讯隐私中心体现了中兴通讯一流的合规能力，以及尊重数字伦理和数据保护的合规文化，助力产品服务内涵，融入市场价值。

3. 隐私合规评审系统

为实现将数据保护理念嵌入高效产品开发（High Performance Product Development，HPPD）主流程，数据保护合规管理要求融入评审、决策体系，确保公司数据保护合规方针、政策在产品/服务中落地，中兴通讯自主研发并上线了隐私合规评审系统（见图 5－2），对中兴通讯产品隐私安全评审保障提供了有效智能化支撑。

图 5－2　中兴通讯隐私合规评审系统

隐私合规评审系统基于欧盟《通用数据保护条例》和我国《个人信息保护法》设计，用于终端全线产品的数据隐私合规评审。隐私合规评审系统包括移动应用（App）/移动宽带（Mobile Broadband，MBB）基本信息索引、个人数据清单、第三方公司调研、后台系统调研、后台系统隐私设计及数据流图，可根据用户在表单填写的信息自动生成数据清单、数据流转图，提升信息填写和输出的质量，减少人工分析、整合时间，简化合规风险判断评估流程。同时，该系统可对识别的风险项进行集中式记录管理，形成相应的行动项，确保业务和系统上线前完成风险处置。

隐私合规评审系统不仅提高了日常合规管理效率，更进一步保证了产品全球合规管控标准的统一，有效保证用户隐私，为全球用户提供可靠、安全的产品。

4. 个人数据泄露响应系统

通过 IT 化的个人数据泄露响应系统管控，中兴通讯建立了以多方快速协同为核心的个人数据泄露响应机制，明确了工作流程，并依托专业化的事件上报系统对整个应急响应过程进行跟踪和记录，满足内外部潜在文件调阅和证据呈送需求。

5. 数据主体权利响应系统

中兴通讯建立了以多方快速协同为核心的数据主体权利响应机制，搭建了上报申请入口，在数据主体行使权利时能够进行有效响应。通过 IT 化的工具支撑，外部结合数据主体权利响应系统入口、隐私中心和中兴通讯隐私保护邮箱，数据主体可提出数据相关权利请求；内部搭建专业化的数据主体权利响应系统后台，使合规专家和数据保护官参与到流程中，满足快速对数据主体做出专业回应的要求，并对响应过程进行跟踪记录，一并满足内外部潜在文件调阅和证据呈送需求。

6. 数据保护影响评估系统

中兴通讯通过数据保护影响评估IT化的线上评估工具，对新产品、新技术、重大产品服务变更进行数据保护影响评估，确保个人数据处理过程满足国际通行数据保护合规要求。

具体实践中，中兴通讯采用“数据保护影响评估”流程和系统，在研发、销售和运维等主要业务流程中推广风险分析动作，采取风险管控措施。例如，在研发阶段，评估产品收集的个人数据，分析在权限、日志、加密、匿名等方面采取多项保护措施保障个人数据的安全；在处理及传输数据之前，评估相关国家法律及可适用的国际规则中的要求符合情况，引导产品、服务按照法律规定和规范要求采取措施，降低风险。

7. App安全合规扫描工具

监管部门对App违法违规收集使用个人数据的监管和处罚力度日益加强，传统人工评估无法渗透到移动应用的代码或技术层级，存在天然合规盲点。通过本地化部署App安全合规扫描工具，能够满足数字化公司在数据保护合规履行方面的需求，同时解决人工合规流程存在的技术盲点问题。

从App运营者和监管部门角度出发，以国家监管部门发布的法律法规为基准，App安全合规扫描工具可对个人数据的收集、使用、存储、传输、行为和权利保障等多个方面，严格按照国家标准规范和监管发文，对App进行全面安全和隐私合规检查，并将监管检测要求运用到合规扫描和检测服务中,识别App强制授权、过度索权、未经同意收集、使用、分享个人数据,提前预警隐私和安全违规风险,提供App的全方位技术层面的合规评估服务。

三、数据保护合规价值:合作共建与技术创新

中兴通讯积极推动数据保护的产业链整体合规共建,将数据保护作为相关方合作的共识和纽带之一,以自身及产品的合规建设为起点,在确保自身产品及服务合规的同时,与产业链各方共同创建行业良好合规氛围,为更广的数据保护生态圈建设贡献力量。

(一)强化外部信任,践行企业合规承诺

1. 与客户和相关方进行合规共建

中兴通讯严格遵守商业准则及客户要求,在商务协议中明确各自承担的责任义务,与客户、供应商和合作伙伴共建良好的数据保护环境。

面向客户,中兴通讯作为数据处理受托方时,遵循适用符合国际标准的控制措施。例如,在《数据处理协议》中明确数据处理受托方基本角色,为客户实现其义务提供协助。面向供应商和合作伙伴,中兴通讯从源头进行合规共建,管控风险。例如,立足供应商管理制度嵌入数据保护要求,通过供应商协议签署、数据跨境转移审批等关键控制点实施合规管控。如果与供应商之间存在个人数据共享、委托处理及转移情形,则依据具体情况

进行数据保护影响评估，根据评估结果采取相应管控措施。

2. 对协议履约能力进行合规审计

数据处理协议是明确权利与义务、保障合法权益的一类重要法定文件。为了评估遵守法律要求、验证履行协议约定的能力，中兴通讯主动开展数据处理协议履约能力审计。

①审计依据：外部法律法规和内部标准规范。外部法律法规包括现行有效的数据保护相关法律法规、国家标准。

②审计对象：法律要求、业务领域、客户重要性、协议有效性。

③审计程序：审计准备、实施、报告、跟踪。

④审计方法：人员访谈、现场观察、穿行测试、资料检查。

通过数据处理协议履约能力审计，主动识别数据处理协议履约相关制度、执行、系统流程环节的风险，采用完善制度要求、强化业务执行、优化业务系统等方式对潜在问题进行整改，履约能力得到有效提升，践行合规承诺。

（二）强化内部感知，提升员工合规体验

中兴通讯高度尊重员工个人权益，视保护员工数据为己任，持续看齐行业标杆，借鉴业界优秀实践，进行个人数据保护合规建设。

1. 培养员工个人数据保护意识

人力资源管理活动需要处理大量员工个人数据，为提升员工数据保护体验，中兴通讯合规团队和一线业务协同，通过一系列线上和线下的多元化员工隐私保护体验提升活动、培训和宣贯（见图 5－3），加强员工数据保

护感知和数据保护意识，凝聚中兴通讯雇主品牌，共建信任力量，塑造“员工隐私捍卫者”形象。

图5-3 中兴通讯员工隐私保护体验提升活动

人力资源将数据保护管控融入业务实施全过程，通过人力资源数据保护组织建设、规则制定、流程嵌入、信息技术措施，确保收集、处理员工及相关方个人数据的安全合规。人力资源业务的系统（招聘网站、人事在线、时间管理等系统）均实现隐私政策的嵌入，将收集信息的类型、合法性基础、数据主体的权利及行权途径明确写入隐私政策。同时，上述系统在需求、开发、测试、发版上线等各阶段均符合中兴通讯的产品安全和信息安全的基线要求。对于线下活动，如涉及员工或员工家属的个人数据收集，通过书面形式发布隐私告知书，确保员工及其家属能够充分地理解数据收集和使用的目的。

2. 丰富员工个人数据保护实践

(1)员工入职中的个人数据保护

员工入职包括入职体检、背景调查、入职资料填写等环节。入职过程中，企业处理的个人数据不仅包括身份信息、职业履历等信息，还会涉及薪资流水、健康信息等敏感个人数据。员工在入职期间的感受会对企业文化感知产生深远的影响，因此做好入职过程中的个人数据保护，既是合规遵从的客观要求，也是企业雇主形象提升的内在需要。

中兴通讯在进行入职体检及背景调查之前会向员工提供隐私通知书，充分说明处理个人数据的种类及目的、处理方式、存储期限、权利行使途径等信息。

(2)福利发放中的个人数据保护

员工福利发放是企业管理的常见一环，在实施员工关怀、激发员工活力、增强员工归属感、提高员工满意度中发挥着基础作用，是企业良好形象、美誉度的重要载体。随着网络技术的发展和服务模式的创新，员工福利发放方式也日渐便捷、多样，很多企业开始探索“互联网+”、数字化转型、第三方服务等模式来解决个性化需求难题，同时提高管理效能，降低综合成本。与此同时，福利发放涉及大量个人数据的收集、存储、传输、共享等活动，做好员工个人数据保护，成为企业数据保护工作中的新课题。

中兴通讯在福利发放中收集个人数据前向员工提供隐私政策，说明收集个人数据的种类、用途、目的、存储情况、权利行使途径等信息，满足个人数据处理的透明性要求。中兴通讯在收集个人数据之前会进行合规评估，确定收集的个人数据项，避免收集非必要的个人数据，满足个人数据收集的最小必要要求。中兴通讯在与福利发放供应商签署合作协议时，会嵌入个人数据保护的相关条款，明确个人数据处理的目的、期限、处理方式、个人数据的种类、个人数据保护措施以及双方的权利义务等。

(3)办公软件中的个人数据保护

在数字化办公的时代,企业日常办公需要使用各类办公软件,如在线协同软件、差旅服务软件、供应商管理软件等。办公软件可有效提高办公效率,便利工作的开展。做好办公软件中的个人数据保护是企业提升员工数据保护感知的重要场景之一。

中兴通讯在办公软件中嵌入隐私政策,明确向员工说明收集个人数据的种类、用途、目的、存储情况、权利行使途径等信息,满足个人数据处理的透明性要求。在中兴通讯自主开发的办公软件投入使用之前,对软件收集的个人数据字段及对应的目的进行合规性评估,避免收集非必要的个人数据,满足个人数据收集的最小必要要求。中兴通讯自主开发的办公软件,采取了必要的技术措施保障员工个人数据的安全,如屏蔽、加密等措施。若使用第三方插件或者直接采购第三方开发的软件,则会对第三方的个人数据保护能力和水平进行评估。

中兴通讯在收集员工个人数据之前,会以简明易懂的方式向员工提供隐私政策,以便员工能够充分知晓个人数据处理的情况,满足个人数据处理的透明性要求。对于已经收集的员工个人数据,采取必要的技术措施保障个人数据的安全。例如,对收集的个人数据采用加密技术进行存储,采用 https 等加密传输技术确保传输过程不被恶意第三方破解盗取。仅将个人数据用于隐私政策中已说明的目的(如疫情防控),在达到个人数据处理的目的后及时删除信息,绝不超期存储个人数据。

(三)凝聚市场信任,导入权威专业认证

随着"数字社会"进程的进一步加快,数据保护成为全球关注的重要

课题。中兴通讯持续关注业界权威数据保护认证机制，持续完善数据保护体系，持续打造可持续、透明、开放、可信的合规环境，获得 ISO/IEC 27701 隐私信息管理体系认证、TRUSTe 企业隐私框架认证、ePrivacyseal 隐私保护认证等多项数据保护领域权威专业认证（见图 5－4）。

图 5－4　中兴通讯所获隐私保护相关认证示例

1. ISO/IEC 27701 隐私信息管理体系认证

ISO/IEC 27701:2019《隐私信息管理体系》是目前全球最具权威的数据保护标准之一，由国际标准化组织（International Organization for Standardization，ISO）和国际电工委员会（International Electrotechnical Commitee，IEC）联合发布，旨在帮助组织有效保护和合规处理所收集的个人数据，为企业满足《网络安全法》、欧盟《通用数据保护条例》（General Data Protection Regulation，GDPR）以及其他国家和地区的数据保护法律法规要求提供有力保障。ISO/IEC 27701:2019《隐私信息管理体系》从组织治理、法律合规、流程规范、信息技术、监督审计等多个维度，提供了一套完整的个人数据处理方法和隐私信息管理的框架。

中兴通讯持续关注业界权威认证，5G 产品 、核心网产品、终端产品、数字技术产品、人力资源管理陆续通过 ISO/IEC 27701 隐私信息管理体系认证。这体现了权威认证机构对中兴通讯相关产品、服务和管理活动数据保护合规管理实践的认可，印证了中兴通讯在隐私信息管理体系化建设和运作上取得的建设成果,在协议审核、项目应标、审计应答、市场增信方面进行了直接应用,为赢得监管方、客户、合作伙伴信任提供了有力支撑。

2. TRUSTe 企业隐私框架认证

TrustArc 是美国隐私认证权威机构,其制定的“TRUSTe 企业隐私认证框架标准”是基于欧盟《通用数据保护条例》、APEC 隐私框架、ISO 27001 信息安全管理系统国际标准等国际公认的法律法规制定。

中兴通讯呼叫云全球终端呼叫服务通过 TrustArc 审核,获得 TRUSTe Enterprise Privacy 认证,认证范围涵盖中兴终端产品的售后国内热线、国际热线、全球邮箱、国内在线服务等多个核心业务。呼叫云作为面向全球用户的重要服务窗口,涉及处理大量用户数据和跨境数据传输等场景,直接影响用户对数据安全和数据保护的体验和感知。在认证过程中,数据收集和处理活动、数据必要性、数据安全、透明度和问责等十三大数据保护领域的调研、评估、举证及整改工作,帮助中兴通讯呼叫服务构建更加体系化和规范化的用户数据管理能力,最终成功通过认证。借助于 TRUSTe 认证成熟的隐私和数据保护管理方法论,中兴通讯全球呼叫服务得以筑牢用户隐私数据安全“护城河”。

3. ePrivacyseal 隐私保护认证

ePrivacy 是全球最具公信力的数据安全与隐私保护认证机构之一,认证主要基于法律和技术两个维度,对产品的数据保护体系、产品设计、系统安全、流程制度等进行严格审核,评估其是否符合欧盟《通用数据保护条例》、可否保护用户数据安全。

中兴通讯终端产品通过 ePrivacy 审核,荣获 ePrivacyseal 认证。中兴通讯终端业务领域构建了端到端、闭环型、流程化的数据保护合规体系，并将默认隐私保护设计理念融入产品研发全生命周期，通过完善的数据保护组织、流程、技术管理体系，确保全面守护和合规处理收集的个人数据；制定对外发布及预置应用合规评审流程，终端产品及其搭载的应用上线前必须通过严格的隐私合规审核；部署自动化安全漏洞及隐私合规扫描平台，通过静态动态扫描实现从评审流程到技术监管的完整闭环。ePrivacy 认证，标志着中兴通讯在智能终端产品领域的数据保护技术和管理能力达到国际先进水平，将进一步助力全球消费者更安心、从容地迈入数字时代。

（四）融入产品研发，引导隐私技术创新

大数据、人工智能、区块链、云计算、5G 等新兴技术在给产业带来巨大增长机遇的同时，带来的隐私与数据保护等非传统风险也日渐凸显。全面遵从全球数据保护法律法规要求，成为企业面临的新挑战，但同样为产品迭代、技术创新、专利布局带来新的机遇。

中兴通讯在开展数据保护合规体系建设过程中，注重通过技术创新手段解决数据保护问题，将数据保护融入产品研发，引导隐私技术创新，助力公司产品、服务提升竞争力。中兴通讯将数据保护技术嵌入产品服务中，在增强个人数据保护能力的同时，提升合规前提下的数据流通、共享、开发、利用的程度。实践中，中兴通讯组建了数据保护合规、知识产权、品牌和业务部门的隐私专利价值协同工作组，定期追踪和研究数据保护技术，积极挖掘产品体验和合规实践中的数据痛点，引导数据保护创新“金点子”，为专利化提供创意来源，形成一批专利布局。

1. 权限管理的隐私技术创新

• 权限管理方法：改善权限管理系统中非黑即白的权限管理方式，在拒绝、允许访问数据权限之外，提供授权但访问模拟数据的方式，保护用户真实信息。

• 信息处理方法：在安装应用的过程中，区分安装该应用需要的必要权限信息和非必要权限信息，基于必要权限和非必要权限信息识别，对非必要权限提供模拟数据以保护用户真实信息。

• 权限判定方法：根据应用程序请求的目标权限，确定该目标权限对应的偏好概率和个体概率，在对请求的目标权限进行判定的过程中，能够结合用户的使用习惯判定目标权限是否安全，为用户授权提供依据。

2. 敏感操作的隐私技术创新

• 设备触发控制方法：终端设备触发特定界面的操作时，判断数据信息的属性是否需要进行眼纹信息比对验证，根据比对结果进行全部或部分数据信息的分级显示。

• 数据隐藏管理方法：在解锁入口不可见的模式下，获取第一解锁信息，并与预定义的第二解锁信息进行匹配，匹配成功时将预定义的隐藏数据库中所存储的隐藏对象显示。

• 安全视频通话方法：基于预设的数据通道，利用人脸识别作为 5G 视频客服通话前的身份验证，对人脸/音视频信息进行脱敏处理。

3. 不可关联性的隐私技术创新

• 操作系统轨迹定位数据保护方法：对 App 发出的连续地理位置数据请求进行拦截，实时对真实地理位置数据进行处理，把生成的伪造地理位置数据返回给 App,从而很好地保护设备使用者的轨迹数据。

• App 隐私风险量化评估方法:对用户使用 App 过程中的个人数据泄露风险进行计算,进而对不同类别 App 和用户群体进行数据风险量化评估,对用户的数据风险进行预警提醒。

• 基于密度分布的 K-匿名位置隐私保护方法:K-匿名要求存储在发布数据集中的同一个直接或准标识符至少要有 K 条记录,使得观察者无法通过直接或准标识符关联到特定主体记录,以保护个人数据。

4. 防跟踪的隐私技术创新

• 云服务器位置隐私保护方法:对数据服务提供商统一定义数据格式,将数据分块加密存储到云服务器上,秘密保存解密密钥;用户根据自己所在的位置从云服务器获得加密的分块数据,数据服务提供商根据不经意传输协议将解密密钥传输给用户,最终用户解密得到明文的分块数据。

• 位置隐私保护方法:用户持有的无线终端的运动轨迹可以看作用户的运动轨迹,通过使无线终端的标识域取值不固定,避免无线终端因消息发送导致位置被暴露和跟踪,有效保护该无线终端的用户的位置数据。

5. 透明性的隐私技术创新

• 控制仪表盘隐私增强方法:用户控制仪表盘为用户提供管理个人数据和隐私设置的可视化方式,可用于浏览器、移动环境或金融服务等场景,并可用于管理物联网环境的隐私设置。

• 同意管理和业务交互方法:通过语音等交互方式向电子设备感知范围内的用户发出隐私通知,对该用户进行同意授权征询,使得电子设备感知范围内的任意用户无须访问管理端即可以使用该电子设备提供的业务。

- 细粒度人脸隐私保护方法:基于特定因素,如请求访问的人的角色、访问环境、业务上下文及对数据的预期操作等,进行细粒度访问控制,实现对数据的逻辑隔离,满足数据保护要求。

第六章

合规举报、调查和审计专项实务

独立审计和调查是公司合规项目和合规体系建设的重要功能组成,该职能在中兴通讯内部由合规稽查部承担。合规稽查部独立于公司三大合规 COE 部门、合规组织管理部及法律事务部,发挥公司合规风险管理第三道防线的作用,为公司合规风险管理的效果提供独立、客观评价,在全公司范围内惩处违规、捍卫合规价值。其工作主要包括合规举报管理、各合规领域的合规审计实施和违规行为调查。

一、合规稽查:合规风险管理的"第三道防线"

根据全面风险管理的三线模型,企业内部风险管理的第一线职责主要包括向组织的客户交付产品或服务，以及相关的支持性职能；第二线职责包括协助开展风险管理；内部审计履行第三线职责，针对治理及风险管理适当性和有效性，开展独立客观的评价。

由管理层建立和维护、内部审计人员评估有效且得到遵守的合规制度能够为组织创造价值，如确认和阻止故意或非故意的违规情况、发现违法行为、强化和形成对公司的认同感等。

（一）合规稽查的功能定位

充分、有效的合规体系离不开合规举报、调查和审计。无论是美国《联邦政府起诉商业组织原则》（Principles of Federal Prosecution of Business Organization）、美国司法部《公司合规计划评估》（Evaluation of Corporate Compliance Programs），还是《美国量刑指南》（United States Sentencing Commission Guidelines Manual），抑或经济合作开发组织的《内控、道德与合规最佳实践指南》（Good Practice Guidance on Internal Controls, Ethics, and Compliance），均强调了设计良好、实施充分和有效运行的公司合规计划是企业寻求责任减轻和处罚减免的重要考量因素。正如美国司法部《司法手册》（Justice Manual, JM）所指出的，对于公司是否维护和实施了充分、有效的合规体系，应该关注三个“基本问题”：公司的合规计划是否设计良好？是否有足够的资源和授权以有效运作？是否在实践中有效？对这些问题的关注和解答体现在合规稽查部的功能定位之中。

1. 搭建并维护违规报告途径,及时发现违规行为

关于“公司的合规计划是否设计良好”,评估的关键因素之一是,该合规计划是否能最大限度地有效预防和发现员工的不当行为。[①] 中兴通讯设立了多种违规行为举报和报告途径,其中属于合规稽查部管辖的有内部合规举报途径(具体包括举报邮箱、LCM 系统“合规稽查—违规线索报告”模块和合规稽查部现场来信来访),以及外部独立第三方合规举报途径。这些合规举报渠道通过合规手册、合规宣贯、合规课程、合规邮箱、合规张贴、嵌入相关规范指引等多种方式向全体员工传达,并能够收到稳定数量的举报线索。为方便和鼓励不同母语国家员工积极上报发现的违规行为,外部独立第三方合规举报网站提供了 17 种语言以便选择。此外,作为合规考试的内容,公司全员会被抽查合规举报途径的掌握情况。合规稽查部还采取措施宣传反打击报复政策和举报人保护和奖励政策,表明公司对于任何形式的打击报复行为均持零容忍态度,任何打击报复行为都将视作严重违反公司合规政策,将从严处罚直至开除,从而营造无须担心因报告违规事项而遭受打击报复的合规举报氛围。举报可以是实名的,也可以是匿名的,合规稽查部根据公司政策,对举报人信息严格保密,未经举报人同意,不会将举报人信息向任何人透漏。有效运行的保密报告机制,能够在一定程度上体现公司已经建立了能够有效发现和预防不当行为的公司

① The United State Department of Justice, *Justice Manual*, 9 - 28.800, https://www.justice.gov/jm/justice-manual.

治理机制。[①]

2. 建立合规调查机制,有力纠正违规行为

设计良好的合规计划还应包含公司处理违规事件的调查流程。中兴通讯发布实施了《责任追究管理办法》,规定了对公司全体员工(含处分时已离职员工)因在公司业务范围内存在违规行为或须管理问责行为而进行责任追究的职责分工、基本原则、处理方式、程序及具体要求。基于此,中兴通讯各业务主管部门,在所负责管理的业务模块内,经公司授权,对涉及本业务模块范围的违规或须管理问责行为的相关规章制度进行制定、修订、解释。合规稽查部作为公司授权调查违反出口管制合规、反商业贿赂合规、数据保护合规规范行为的部门,在外部律所协同下,聚焦于优化提升调查效率、推进制度修订、固化调查流程、编纂调查手册以及调查工作全流程动作标准化等合规调查体系化搭建,逐步建立"合规调查规则体系",如图 6 - 1 所示。

合规稽查部对公司及其员工或代理的任何不当行为进行及时和彻底的调查,包括采取任何纪律处分或补救措施。合规调查员在业务上接受合规稽查部的指导,根据职责和相关准则,依据事实独立开展工作,公正履行职责时免受任何威胁其履职能力的情况影响。合规稽查部的调查结论、根因分析、纠正措施层报至总裁或其授权人员审核批准。一经查实,对违反合规管理规定的行为最严重可致开除。除对违规行为人的处罚问责,合规

① The United State Department of Justice, *Justice Manual*, 9 - 28. 800, https://www.justice.gov/jm/justice-manual; The United States Sentencing Commission, *United States Sentencing Commission Guidelines Manual*, 8B2. 1 (b) (5) (C), https://www.ussc.gov/guidelines/2021-guidelines-manual/annotated-2021-chapter-8#8b21.

案件调查中通常还包括对管理干部的连带问责。①

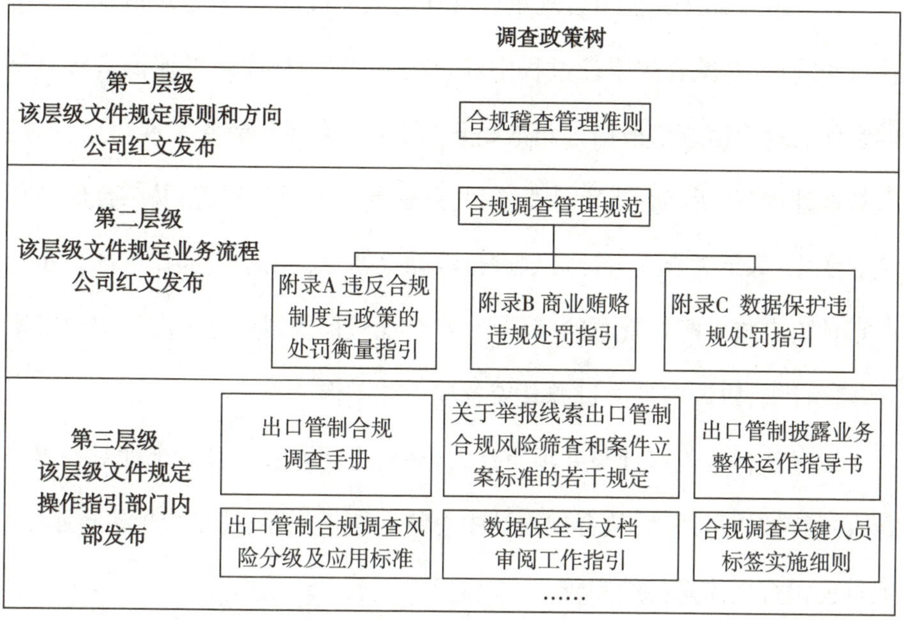

图 6－1　合规调查规则体系

3. 为合规体系设计和运转有效性提供客观、独立评价

有效合规计划的另一个重要标志是其改进和发展的能力。② 合规稽查部通过实施有计划的合规审计项目③，对各风险领域的实际控制情况进行独立、客观的评价，发现管控不足、规则不明确或者管控过度的情况，并提出纠正建议，通过对公司合规体系的审计，确保公司合规体系是有效运

① 管理者在管理公司业务过程中，虽无明显渎职行为，但存在管理失察、处置不当、绩效未完成等情形，或直属管理员工、直属项目存在违规、须工作责任问责情形，给公司造成较大经济损失或恶劣影响而承担的责任。

② U. S. Department of Justice, *Evaluation of Corporate Compliance Programs*, https://www.justice.gov/criminal-fraud/page/file/937501/download.

③ U. S. Department of Justice, *Justice Manual*, 9－47.120, https://www.justice.gov/jm/justice-manual.

转的。

合规稽查部作为公司合规审计活动的主导机构，负责合规审计的日常执行和管理，并就合规审计过程中涉及的方法、工具和结果评价负有解释的责任。合规稽查部根据公司战略规划、经营管理和业务发展需要，制定合规审计规范，明确合规审计工作目标、重要任务及里程碑，并结合所处环境的变化，每年对合规审计规划进行滚动更新。合规稽查部在平衡公司合规审计需求与可配置资源的基础上，对合规审计规划进行分解形成合规审计年度计划，协调内外部资源开展各项审计工作。

通过执行常规审计与专项审计，合规稽查部能够从多个维度对公司进行合规管控执行评估，从合规审计中总结和纠正问题、提升合规执行水平，促进公司合规体系持续完善。

综上可知，合规稽查部作为公司内部承担独立合规审计、合规调查和合规举报管理职能的部门，是公司合规体系建设中不可或缺的重要功能组成，在合规举报途径搭建和维护、合规举报政策宣贯和倡导、业务合规审计计划和实施、违规行为调查和处罚、促进合规体系完善等方面发挥了不可替代的作用。

（二）合规稽查的组织变革

1. 合规稽查部的成立

2018 年 7 月，合规稽查部正式成立，负责公司合规稽查体系的建立和完善，确保公司合规政策及流程运行有效性。主要职责包括：(1)负责公司合规稽查策略和流程制定；(2)负责开展公司业务合规稽查以及督促整改提升;(3)建立并维护违规举报热线及其他举报途径;(4)负责对违规事件及责任人进行调查并提出处理建议;(5)负责开展对公司合作伙伴合规体系建设与运行有效性的审核,并督促改进提升;(6)负责公司合规检查、稽查的宣贯和培训;(7)负责处理外部合规调查事项。

2. 合规稽查的独立性

合规稽查部保持相对于业务单位的独立性,以确保内部审计和调查的客观性、权威性和可信度。一方面,合规稽查部的独立性体现在汇报关系和汇报层级上。合规稽查部部长直接向公司法律合规负责人汇报工作,并定期与董事会就合规举报、合规审计和重大合规案件调查进展进行沟通,不对任何业务单位及其管理层汇报工作。另一方面,合规稽查部及其成员保持充分的独立性,不参与合规审计对象的实际经营管理活动,也不参与合规管理部门的风险管理活动,与任何中兴实体不存在直接利害关系,避免"既当裁判员又当运动员"。

3. 合规稽查部与内控审计部门的区别

为完善风险管理的三道防线,公司成立了专门的内控审计部门,负责公司及附属公司核心领域稽查、风险控制、审计监察等工作,并向董事长直接汇报。内控审计部门与合规稽查部的职能区分主要体现在管辖领域不同。合规稽查部负责公司三大合规领域,即出口管制合规、反商业贿赂合规和数据保护合规的审计实施、违规行为调查、举报线索受理和处理;内控审计部门则负责除合规事项之外的公司经营管理中的风险控制、舞弊调查等。合规稽查部与内控审计部门各司其职,并进行必要配合,共同组成公司风险管理的第三道防线,为组织守护和创造价值。

(三)合规稽查的队伍建设

1. 人员结构

合规稽查部三大核心业务的性质和特征,决定了执行内部合规审计和合规调查的成员,一方面,需要了解合规知识、政策和管控点;另一方面,需要对公司各领域的业务比较熟悉,同时对审计基本理论、调查基本方法、法律查明和分析方法有一定掌握。为此,合规稽查部的人员主要由校园招聘的法律应届毕业生、社会招聘的审计和调查专家、公司内部招聘的业务专家组成,他们可以在法律专业素养、审计和调查经验、业务熟悉度上相互补充。

2. 能力建设

内部合规审计和合规调查人员应具备并保持合理的审慎水平和胜任能力所要求的谨慎和技能。合规稽查部制定了《岗位说明书》,明确了各级岗位的任职标准,对合规稽查岗位的能力要求包括规则理解与适用能力、对公司端到端业务流程和系统管控逻辑的知察能力、筹划协调及项目管理能力、沟通表达能力和外语听说读写能力。针对能力提升,合规稽查部每年制订专门的培训计划并定期开展培训,如邀请国际知名律师事务所对调查员开展封闭合规调查能力培训、邀请审计专家进行合规审计培训、参与 ECCN 分类及物项上网发布合规专项培训、英文写作及口语培训等,并为新加入员工专门开展合规审计、合规调查培训。合规稽查部通过多种方式和形式,为人员能力提升提供支持和保障。

3. 作风特点

经过不断的摸索和精进，合规稽查部逐步沉淀并形成了《合规稽查人员行为指引》，努力打造“专业”“约束”“无畏”的纪律部队形象。合规稽查部明确了成员的 8 项禁止性规定，为合规稽查人员行为规范画出了“红线”“底线”，同时在日常业务、内部会议、对外交流和能力培养方面提出场景化行为指引并持续修订补充。合规稽查部致力于将自身打造为专业、高效的成长型稽查团队，持续为中兴通讯合规体系健康发展保驾护航。

二、合规举报：实现合规“共治”的有效途径

中兴通讯致力于建设一流合规体系，坚守“合规守护价值，合规创造价值”的核心理念。合规体系建设是一个长期的过程，需要不断完善和改进，合规体系在建设和完善过程中需要不断地进行测试和验证，而合规举报是对合规体系最好的完善和帮助。合规举报是利用集体的力量，实现合规治理与所有员工力量的合规“共治”，通过每个员工来检验、检测合规体系的行之有效，帮助公司降低合规风险，将一些不合规的风险遏制在萌芽期间。其是使组织和流程活动更健康的一种方式，因为无论问题大小，通过举报公司能够获得源源不断的反馈，在萌芽阶段就能将问题消灭掉，防止问题扩大化。合规举报守护合规价值，其作为补充手段，能确保合规得到有效监督与实践落地；合规举报创造合规价值，其作为优化和提升工具，能及早发现合规问题与风险漏洞，避免风险累积损害公司合法利益，进而

及时弥补合规漏洞与修正合规体系。

中兴通讯合规举报通过管理层承诺、规则制定、举报途径、保密保护与反打击报复、举报奖励、日常宣贯、系统优化、调研复盘等要素基本上构建了合规举报体系，并实现了有效运行和管理。中兴通讯始终秉持开放包容的心态，倡导公开、透明、合规、诚信的企业文化，通过鼓励举报形成全员参与、全员监督的氛围，增进公司所有员工对合规的内心遵从与自我期盼。

（一）管理层重视和支持

在管理层的支持下，中兴通讯在公司范围内创建了多种举报途径，包括外部独立第三方的举报平台，鼓励大家敢于发现问题、敢于讲完整的真话、积极用好举报途径、在窗口期[①]进行要事上报。同时，中兴通讯拍摄并发布了高管谈合规举报倡议视频，董事长、总裁谈合规举报的宣贯，并举行高管“今日说法”活动等，鼓励和支持员工积极举报，自上而下地推动举报融入合规文化。董事长在“高管谈举报”主题宣贯中提到，“合规举报有助于公司加强合规风险管理水平，有助于防微杜渐，防患于未然，更有助于发现隐藏很深的违规事项……我本人对打击报复行为持零容忍的态度。我认为对合规举报的打击报复行为是一种违法违规行为，是和公司价值观背道而驰的行为”。总裁也指出，“举报是合规治理非常重要的一个环节。举报可以有效地发现合规治理的盲点，更好地推动合规治理的全面覆盖。鼓励员工对潜在违规行为进行举报，同时严禁打击报复；多与员工进行沟通，及时发现合规问题”。在管理层的指导和支持下，中兴通讯注重对积

① 窗口期是指要事还未对公司造成不良影响，且公司可对风险进行及时应对的时间范围。

极举报的员工予以奖励和做好反打击报复工作，解决员工的“后顾之忧”进而使其勇于吹响守护合规价值的“哨子”，实现全体员工共建共享合规。

（二）举报管理规范制定

1. 国内外的举报立法实践

举报体系的要素多样，实际运行中也存在标准不统一的问题。因此，为保障举报体系的有效运行，有必要在组织内部制定统一的举报管理规范。

在国内，当前没有关于举报的一般性立法，但根据受理举报事项的部门、举报对象以及受理范围不同，可以将举报区分为相关组织内部机构受理的举报、纪检监察机关接受的举报，以及行政机关受理的举报等。相关组织内部机构受理的举报较为典型的是证券违法行为举报，中国证券监督管理委员会于2014年制定了《证券期货违法违规行为举报工作暂行规定》，主要对证监会处理举报接收、线索调查及举报奖励等工作流程进行了详细规定，并于2020年修订更新。2022年，为落实新《证券法》《期货和衍生品法》等法律要求，与“12386”服务平台优化运行相关工作衔接配合，进一步完善举报奖励制度，证监会根据举报工作实践经验，对《证券期货违法违规行为举报工作暂行规定》（证监会公告〔2020〕7号）进行了修订，发布《证券期货违法违规行为举报工作规定（征求意见稿）》。纪检监察机关接受的举报即纪检监察举报，2020年1月21日，中共中央办公厅印发了《纪检监察机关处理检举控告工作规则》，对纪检监察举报的范围、举报途径、实名检举控告奖励、检举控告人及其近亲属的保护机制作出明确规定。

行政机关受理的举报即行政举报,2021 年 8 月,中共中央、国务院印发的《法治政府建设实施纲要(2021—2025 年)》明确提出:“畅通违法行为投诉举报渠道,对举报严重违法违规行为和重大风险隐患的有功人员依法予以奖励和严格保护。”国内目前暂无关于行政举报的一般性立法,行政举报的具体内容主要散见于各行政单行法规、规章中,如《市场监督管理投诉举报处理暂行办法》《公安部举报中心工作试行办法》等。

在国际上,美国举报人的相关法律体系建设起步较早,1978 年颁布《公务员改革法》(Civil Service Reform Act),开启了内部举报制度和举报人保护的立法;1989 年通过的《举报人保护法》(Whistleblower Protection Act),明确了从举报人的角度而言只需要其有理由相信自己所提供信息具有真实性即符合要求;2012 年颁布的《举报人保护增强法》(Whistleblower Protection Enhancement Act, WPEA)为举报提供了新的审查程序。英国主要是通过《公共利益披露法》(Public Interest Disclosure Act, PIDA)来确认举报的相关制度体系。南非在 2000 年颁布了《举报人保护法》(Whistleblower Protection Act),对举报人保护进行了专门立法,并于 2017 年对该法进行了修订。在国际组织层面,2005 年生效的《联合国反腐败公约》(United Nations Convention against Corruption, UNCAC)、2019 年生效的《欧盟举报指令》(EU Whistleblowing Directive)、二十国集团在 2012 年发布的《举报人保护框架研究:立法最佳实践纲要和指导原则》(Research on Whistleblower Protection Framework: Outline of Legislative Best Practices and Guiding Principles)等均通过规范的形式对举报人保护等举报要素进行明文规定。

由此可见,举报管理规范的制定是举报制度在组织内部平稳运行必不可少的前提条件。只有制定并向组织成员发布举报管理规范,具体明确组织成员的举报权利与义务,以及组织对举报信息的处理、举报人的保护等制度,才能推动举报机制真正在组织内部发挥作用。

2. 中兴通讯的举报管理规范制定

当前,中兴通讯在举报管理规范的制定上采取了双层制结构。第一层级制度是统领合规举报工作的《合规举报管理办法》,该办法向公司全员发布,对举报定义、举报途径、举报的行为范围、举报处理流程、举报的保密保护和反打击报复以及恶意举报等进行原则性规定,并将合规举报人信息泄露作为关键合规控制点,在具体的流程和系统设计上将举报人信息保护作为首要原则。《合规举报管理办法》的制定,中兴通讯除了参考《两用物项出口管制内部合规指南》,还根据国际上权威机构对举报建设的标准运作。该办法具备国际标准所要求的举报立法应包含基础概念、内部举报途径、内部举报程序、救济监督四大基础要素的合规举报体系,具体构成包括适用于广义的组织、广义定义可报告的不法行为、广义定义举报人、内部/监管机关举报渠道的范围、外部举报渠道(第三方/公共)、保护门槛、规定和保护匿名举报、保密保护、设置内部举报程序、广义定义报复行为、对报复的全面救济措施、制裁报复人、监督机构、透明执行法律 14 项具体要素。①

举报管理规范的第二层级可分为两部分:一部分是散见于公司其他管

---

① 参见《举报立法的原则与要素:国际标准的视角》,载微信公众号"合规小叨客"2020 年 6 月 18 日,https://mp.weixin.qq.com/s/l5VSDnTu3CRt3nOdQU3S6Q。

理规范中的合规举报相关规定，如合规举报途径在公司的出口管制、反商业贿赂、数据保护等领域的制度规范中均有体现。另一部分则是合规举报的细化规定，该部分规范仅在合规稽查部内部使用，是举报管理部门处理举报线索接收、举报奖励评定等工作的细化指引。合规稽查部作为中兴通讯合规举报的管理部门，在部门内部制定了《合规举报线索接收和转交管理流程指引》《合规举报奖励评定流程指引》《关于举报线索出口管制合规风险筛查和案件立案标准的若干规定》等举报管理的细则。

（三）合规举报途径完善

透明国际组织在2013年正式公布的《举报人立法的国际原则：保护和支持为公共利益举报人法律的最佳实践》（International Principles of Whistleblower Legislation：Best Practices in the Law to Protect and Support Whistleblowers in the Public Interest）明确指出，公共和私营部门需要具有可靠的举报渠道用于举报违法行为。在组织体内，举报途径是连接举报管理部门和员工的纽带，是举报制度有效运行的关键一环。

1. 内部合规举报途径

中兴通讯最早的合规举报途径可以追溯至2014年年底的LCM系统，该系统的“合规稽查—违规线索报告”模块为公司内部员工提供了合规举报的途径，任何员工均可在该模块登记报告自己发现的潜在违规线索，公司的合规举报管理部门负责线索接收与处理，当前由合规稽查部负责。

2015年，中兴通讯合规举报热线正式启用，开始接收各类举报和投诉，该举报热线由公司的合规稽查部负责维护。自2018年开通合规稽查举报邮箱后,员工更加倾向于使用电子邮件的形式进行报告,电话热线使用量大幅下降,因此合规举报热线已于2020年7月暂停使用。

2017年,中兴通讯在公司官网上线“监督举报”模块。公司在职、离职员工或与中兴通讯相关的供应商、渠道商、外包商、客户等合作伙伴均可通过该途径进行潜在违法违规事项反馈。该途径由中兴通讯的内控审计部门负责运营维护,对于通过该途径接收到的合规领域线索,会由内控审计部门转交合规稽查部处理。

2018年,合规稽查部开通了合规稽查举报邮箱:complianceaudit@ zte. com. cn,公司在职、离职员工或与中兴通讯相关的供应商、渠道商、外包商、客户等合作伙伴均可通过该举报邮箱报告发现的潜在违规行为。该举报邮箱由合规稽查部负责运营维护,对于通过该邮箱接收到的非合规领域线索,由合规稽查部转交内控审计部门处理。由此,中兴通讯建立了比较完善的内部合规举报途径。

2. 外部独立第三方合规举报途径

由上述介绍可知,中兴通讯内部的合规举报途径无法实现完全匿名,且各类举报途径也都是由内部运营维护。为进一步强化合规落地、检测合规执行,增强合规举报的独立性和保密性,2020年中兴通讯聘请了第三方机构作为外部独立第三方提供专业举报服务,并于同年4月上线了中兴通讯合规举报平台,包含网站、电子邮箱以及热线电话3种途径:

网站:http://www. tip-offs. com. cn/ZTE

邮箱:ZTEWhistleblowing@ tip-offs. com. cn

电话:400－0707－099(中国内地);+86213313－8584(中国港澳台地

区及海外)

中兴通讯合规举报平台由第三方专业律师团队独立运营,在实现完全匿名举报的同时,也能确保每个举报报告得到客观、高效、安全的处理。(见图6-2)

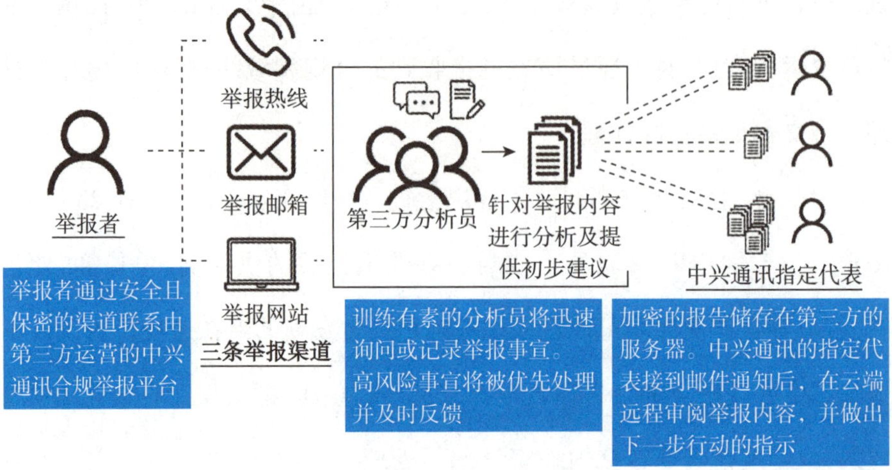

图6-2　中兴通讯合规举报平台概览

同时,中兴通讯合规举报平台兼具保密性与独立性。通过采取高级别保密标准及环境、多级别授权访问等数据保护措施,确保举报者提供的信息免受泄露和未经授权的访问、更改或销毁。所有举报内容和信息,由第三方机构独立保管。第三方机构不熟悉也不记录举报人个人特征信息,亦不会追踪举报人。未经举报人同意,举报平台不会将举报人的任何个人信息向中兴通讯披露。举报人在中兴通讯举报平台任何一个举报途径提交举报后,第三方机构只对中兴通讯指定代表提供调查所需信息,报告内容不出现任何有关举报人的个人信息。(见图6-3)

图 6－3　中兴通讯合规举报平台的保密性与独立性

目前，中兴通讯合规举报平台与合规稽查举报邮箱接收举报线索数量平稳增长，逐渐成为最主要的线索来源。

（四）保密保护和反打击报复

1. 举报人保护的国际实践

2005 年生效的《联合国反腐败公约》是首个指导国际反腐败斗争的法律文件，规定各缔约方对基于合规理由和善意进行的举报应当提供保护。欧盟在 2019 年 12 月生效的《欧盟举报指令》中明确规定，公司有义务为员工的举报行为设置内部举报和调查机制；同时明确，不允许对举报者做出与工作相关的现实的、威胁性的抑或尝试性的等任何形式的报复，设置了一系列制度以对举报人提供相关的帮助。二十国集团（G20），在 2010 年《反腐行动计划》（Anti Corruption Action Plan）指出，“为了保护善意的揭露腐败行为之人免受歧视和报复，G20 国家将在 2012 年年底颁布和实施内部举报人保护原则”；2012 年发布的《举报人保护框架研究：立法最佳实践纲要和指导原则》提出了著名的内部举报人保护制度“六项原则”，对举报人保护的相关立法提出了具体的要求。透明国际组织在2013年正式公布《举报人立法的国际原则:保护和支持为公共利益举报人法律的最佳实践》,提出30项内部举报人保护立法原则,涉及指导原则、应用范围、举报人保护、披露程序、救济和参与、立法架构、运作及检讨等多个方面的内容。

由此可见,举报人保护是构建举报机制不可或缺的原则之一,只有建立了有效的举报人保护机制与反打击报复机制,才能让员工敢于报告、放心报告所知悉的违规行为,真正实现组织内部举报制度的真正目的。

2. 中兴通讯举报人保护和反打击报复实践

为消除举报人的担忧,充分保障举报人权益,中兴通讯采取了一系列措施对举报人进行保护。首先,在政策层面,中兴通讯制定了《保护、奖励实名举报人员管理办法》,该办法适用于公司各领域的实名举报人保护。除此之外,合规稽查部在《合规举报管理办法》中也规定了一系列举报人保护与反打击报复政策和举措,以解决举报人的后顾之忧。例如,具体界定举报信息包括举报人个人信息及其举报内容信息,明确举报信息严格保密不外泄是举报受理工作的首要工作原则,无论实名举报还是匿名举报,都将受到严格保护和妥善处理。对于打击报复行为,《合规举报管理办法》采取了广义的定义:举报人及其家庭成员、近亲属均在禁止打击报复的范围内;威胁、侮辱、诽谤举报人的,或在职务晋升、岗位安排、评级考核等方面对举报人进行刁难、压制的,以及对举报人的合理申请应当批准而不予批准或者拖延的,均属于对举报人实施打击报复行为。中兴通讯对于任何形式的打击报复行为均持零容忍态度,任何打击报复行为都将视作严重违反公司合规政策,将从严处罚直至开除。

其次，在实践层面，中兴通讯通过合规举报平台给举报人提供了可以实现完全匿名的举报途径。每一条举报线索，无论实名或者匿名，均由专任的线索管理员登记接收，在线索处理过程中不会记录举报人的任何身份信息，在后续的调查过程中调查员也会采取不公开真实姓名、住址和工作单位等方式保护举报人信息数据，同时在调查报告、询问笔录等文件和证据材料中使用化名代替举报人的个人信息。

（五）举报奖励和宣贯

有了良好的举报管理规范、完善的合规举报途径以及严密的举报人保护政策和举措后，还需要在组织内部形成认可举报、接受举报的文化氛围。一方面，可借助管理层重视和支持要素，通过管理层的领导力塑造合规举报文化；另一方面，也需要在公司内部对积极报告潜在违规行为的员工给予一定奖励，以激励每一位员工积极举报。此外，为确保员工知悉公司举报机制，也消除员工对举报信息泄露以及打击报复的担忧，需要进行全员宣贯，通过宣传和引导让合规举报的理念深入每一位员工内心。

1. 举报奖励

举报奖励是激励举报人对公司内发生的潜在违规行为进行积极举报的有效措施，该种激励方式在国内与国际上均有例可循。在国内，目前表现为受理部门会对查证属实的实名举报线索的举报人予以金钱奖励，但不同类型的举报奖励数额会有所不同。根据《证券期货违法违规行为举报工作暂行规定》的规定，一般证券违法行为举报奖励的上限为 10 万元；但对于举报在全国有重大影响，或涉案数额巨大的案件线索，奖励上限为 30

万元；其中内部知情人员提供的重大违法案件线索，经调查属实的，最高奖励额度可达60万元。2021年4月2日，证监会对提供江苏某生物股份有限公司、陆某等人违法违规（中国证监会行政处罚决定书〔2020〕17号）等5起案件线索的举报人进行了奖励。[①] 值得注意的是，2021年12月1日，《市场监管领域重大违法行为举报奖励暂行办法》正式开始实施，这是市场监管领域关于举报奖励的专门规范性文件，其将举报奖励分为三个等级，单个案件的举报奖励上限为100万元。2010年，美国通过了《多德－弗兰克法》，该法进一步提高了举报人赏金激励。

中兴通讯也建立了完善的举报奖励机制。在政策方面，中兴通讯制定并发布了《中兴通讯举报受理及调查工作规范》《保护、奖励实名举报人员管理办法》《合规举报管理办法》等系列关于合规举报奖励的相关政策规范。具体而言，在奖励范围方面，中兴通讯对违规行为的实名举报以及法律合规人员本职工作范围以外发现违规行为或合规风险的上报进行合规举报奖励。按类型划分，中兴通讯目前的合规举报奖励包括最终奖励、过程奖励以及精神奖励三大类。

2. 举报宣贯

为营造良好的举报文化氛围，提升公司员工对合规举报的感知度和接受度，进一步增强员工合规意识，中兴通讯采取了邮件、微信公众号、易秀、易拉宝、宣传视频、合规文化月等多种形式，对公司合规举报相关的政策和指引等，在公司范围内进行了全方位宣贯。

---

① 参见中国证券监督管理委员会：《证监会拟对5起案件线索的举报人给予奖励》，载中国证券监督管理委员会官网2021年4月2日，http://www.csrc.gov.cn/csrc/c100028/c377e9982f24f4c63a31795436a42c04a/content.shtml。

自2020年以来，合规稽查部在公司全员范围内多次进行了关于合规举报的邮件宣贯，内容涵盖举报守护合规价值、合规举报年度关键词、季度合规举报奖励评选结果、各合规举报途径介绍、合规举报操作方式指引、举报信息保护与反打击报复等多元化主题。目前，随着举报线索数量逐年上升，"虚假举报"甚至是"恶意举报"的情形开始出现，为了引导员工基于善意和合理根据进行举报，合规稽查部的举报宣贯内容也相应有所调整。即不局限于最初的鼓励员工积极举报，消除员工关于举报信息泄露、打击报复等的担忧，逐渐开始从理论层面引导员工深入认识合规举报，通过向员工介绍举报与合规举报的定义与内涵、合法正当举报的客观标准等理论知识，帮助员工真正从内心认同举报，且愿意基于善意和合理根据进行举报。

除频率最高的邮件宣贯外，2019年，"高管合规洞见"的系列视频在易秀网站发布，视频内容涵盖合规举报的作用以及公司高管对举报打击报复持零容忍的态度。2020年8月，外部独立第三方合规举报平台上线后，中兴通讯制作了《外部独立第三方合规举报平台介绍》的短视频，向员工介绍平台的独立性、保密性以及3种举报途径(网站、热线电话、邮箱)，鼓励和支持员工积极举报。该视频投放于中兴通讯易秀网站，全员均可随时点击播放。除视频外，中兴通讯易秀网站也发布了关于合规举报的多篇文字宣贯，如典型违规场景宣贯、实名举报合规奖励宣贯等。

除了线上形式的宣贯，中兴通讯还举办了诸多线下宣传活动，如法律合规大讲堂之高管"今日说法"系列讲座，通过邀请公司高层领导作为主讲嘉宾，以案例解析和执法实践分享的形式，传递公司严格查处各类违规行为的态度和决心，推动建设"不能、不敢、不想"的长效机制。目前，高管

“今日说法”系列活动已成功举办6期讲座。此外,中兴通讯还通过制作易拉宝、宣传海报、电脑屏保等实物的形式,以及开展线下合规文化月活动的形式,对合规举报途径、举报奖励评选结果进行宣贯,力图使合规举报深入每位员工内心深处。

(六)举报线索管理系统优化

当前,中兴通讯通过LCM系统实现举报线索的线上登记、管理和跟踪闭环,并制定了《合规举报线索接收和转交管理流程指引》以提升线索管理水平和线索的质量。为进一步实现LCM系统对举报线索的高效管理,实现举报线索的流程化、可视化,中兴通讯还会不定期对LCM系统进行优化。

LCM系统除是举报线索处理的工具外,也是中兴通讯内部员工举报途径之一,员工可通过“违规线索报告入口”进行举报。为使员工更加便捷地进行违规线索上报,公司还将LCM系统与中兴通讯合规举报平台实现了对接,员工可通过LCM系统直接进入外部独立第三方合规举报平台。目前,经过不断优化、完善,中兴通讯的LCM系统基本已经实现了线索的全流程可视化管理。

三、合规调查:捍卫合规价值的有力武器

企业合规调查,是指违规行为发生后企业自行组织或委托第三方开展

的专门调查活动,具备预防、发现和控制风险等功能。[①] 依照美国司法部(Department of Justice,DOJ)发布的《公司合规计划评估》(Evaluation of Corporate Compliance Programs),有效的合规体系特征之一便是企业具备及时完整的合规调查机制。中兴通讯设立合规稽查部进行合规调查,通过常态的调查机制运作,促进合规风险的查明、合规管控的完善。本部分将从合规调查的管理、协同、“要事上报”与披露机制、纪律处分方面,对中兴通讯合规调查机制及实施进行介绍。

(一)合规调查的管理

在 BIS 发布的《出口管制合规管理指南:有效合规方案的要素》(Export Compliance Guidelines: The Elements of an Effective Compliance Program,ECG)中,出口管制合规体系要素之一的“处理出口违规行为与采取纠正措施”包括:(1)及时发现违规行为;(2)高级管理层的支持;(3)创建安全的环境;(4)鼓励员工举报;(5)内外部举报机制;(6)提交自愿性自我披露;(7)采取纠正措施。进一步说,就“处理出口违规行为与采取纠正措施”而言,该指南主要关注五个方面:(1)举报机制的建设;(2)管理层的支持;(3)调查程序与机制建设;(4)自愿性披露;(5)纠正措施。其中,本章第二部分已对中兴通讯举报机制及实践进行了详尽介绍,自愿性披露将在本部分第四点进行介绍,在此不作赘述。

---

① 参见中国企业评价协会企业合规专业委员会组编:《企业合规事务管理(高级)》,中国法制出版社 2022 年版,第 37 页。

1. 管理层的支持

就管理层的支持而言，中兴通讯对合规调查的管理层支持主要体现在：(1) 中兴通讯设立合规稽查部专门处理合规调查事项，直接向中兴通讯法律合规负责人进行汇报；(2) 合规稽查部定期向中兴通讯董事会出口合规委员会及合规委员会汇报合规调查进展；(3) 组织法律合规大讲堂之高管“今日说法”活动，[①]以案释“法”，详细解析真实的合规案例，揭示案件背后的违规警示，提升员工合规意识。

2. 调查程序与机制建设

就调查程序与机制建设而言，其本质是指企业依托调查规范制度建设、合规调查原则确立、系统化的过程管理，以保障合规调查及时性与公正性。

中兴通讯制定合规调查程序相关规范，从原则性指引到具体程序细则，在案件评估、案件调查、案件申诉 3 个主要阶段下分设子流程节点，以文本形式固定调查的全流程程序与机制，相关规范包括《合规稽查管理准则》《合规调查管理规范》《责任追究管理办法》《关于举报线索出口管制合规风险筛查和案件立案标准的若干规定》《出口管制合规调查手册》《出口管制合规调查风险分级及应用标准》等。

合规调查遵循合法合规原则、独立原则、保密原则、调查员保护原则、尊重个人原则、诚信行事原则。上述调查原则以规范形式予以确定。就具体的调查流程而言，中兴通讯明确了各调查环节的具体要求，并对如何开

① 自 2021 年 9 月 2 日至 2022 年 12 月 29 日，中兴通讯已举办 6 期法律合规大讲堂之高管“今日说法”活动，每期均由高管通过合规案例解析的形式进行合规宣讲。

展合规调查有详细的手册指导。合规调查以系统化运作进行调查过程管理与案例库建设。就调查过程管理而言，中兴通讯合规调查案件在法律及合规管理系统（LCM 系统）中进行立案与结案，在 iCenter 系统[①]以及通用文档库（Universal Document Management，UDM）中进行案件调查过程文档保存（包括纠正措施的落地执行）。此外，中兴通讯合规稽查部在 iCenter 系统中进行案例库建设，梳理同类型案件办理指引及相关纪律处分，及时总结提炼合规调查案件的实践经验，并对典型案件中的典型问题进行复盘分析，以进一步整合案件资源，提升调查办理效率与办理质量。

3. 纠正措施

就纠正措施而言，ECG 与《公司合规计划评估》（Evaluation of Corporate Compliance Programs）中均要求企业应当分析违规事项发生的根本原因，并作出相应的纠正措施。根因分析与纠正措施在中兴通讯合规调查报告模板中单独作为调查报告的一部分，意味着调查员必须在调查报告中对违规事项发生的根本原因进行分析，并提出相应的纠正措施。此外，中兴通讯也在其内部合规调查规范中要求，调查员应当依照根因分析的结果，提出整改建议；业务单位应当向合规稽查部提交《整改计划书》，依照《整改计划书》中的规定完成整改动作，并报合规稽查部验收通过；合规稽查部有权对未按照《整改计划书》进行整改或者整改验收不通过的情形，对相关业务单位予以通报。这在一定程度上保证了纠正措施的实施落地，实现合规调查的闭环管理，持续促进合规管理体系建设的有效性。

① iCenter 系统为中兴通讯专为企业打造的数字化企业工作网络，通过实现人与人、人与物、人与知识、人与业务的全连接，全面有效提升企业沟通与协同效率。

(二)合规调查的协同

合规调查不是合规稽查部单兵作战,要求调查过程中资源的协同,以及信息的互通。有文章提出合规体系建设中“信息孤岛”(Information Silos)[①]的概念,并进一步指出当复杂实体未能实现各组织单位之间的沟通时,“信息孤岛”可能使企业无法及时识别潜在的合规风险,即导致“有限的调查”。[②] 的确,在合规调查的过程中,资源的协同以及信息的互通能够保障合规调查的有效开展与顺利进行。因此,为实现全面的调查,中兴通讯建立了合规调查协同机制,协同部门涵盖出口管制合规部、反商业贿赂合规部、数据保护合规部、合规组织管理部、业务部门、人力资源部。

具体而言,出口管制合规部、反商业贿赂合规部、数据保护合规部负责相关政策、流程、工作指引的制定及从制定角度对其政策进行解释,并作为专家协助角色,进行违规的风险识别和判定,在合规稽查部的要求下协助合规调查。合规组织管理部负责指导落实业务部门的合规工作,配合协助合规稽查部的调查工作。业务部门对发现的违规行为上报至合规稽查部,并配合协助合规稽查部的调查工作,包括确保员工能积极配合调查访谈,及时反馈合规稽查部的文档需求,遵守合规稽查部下发的数据保全通知或者其他调查要求。人力资源部负责在合规稽查部的指导下协助合规调查,并负责对违反各合规规范的员工实施处罚及对需承担责任的直属管理干

---

① “信息孤岛”,原指相互之间在功能上不关联互助、信息不共享互换以及信息与业务流程和应用相互脱节的计算机应用系统。在商业和管理领域,“信息孤岛”是指“一个大型组织内的部门或部门有被孤立的倾向,从而无法沟通和追求共同目标”。

② See Veronica Root Martinez, *Complex Compliance Investigations*, Columbia Law Review, 120(2):274-275(2020).

部实施问责。

前述各部门的职责均已通过合规调查相关规范进行确定。中兴通讯通过明确合规调查过程中的各部门职责，涵盖调查相关政策的解读、调查相关信息获取、调查结果应用等方面，实现合规调查全流程的资源支撑与信息互通，明确各部门的合规调查协助义务，打破“信息孤岛”，实现合规调查的有效协同。

（三）要事上报和自愿性披露

1. 要事上报

美国 DOJ 发布的《公司合规计划评估》提出，企业应该及时识别潜在的违规事项；美国 BIS 发布的 ECG 也提出，企业员工应当了解上报疑似违规事件的途径，并积极上报。的确，信息的畅通与风险的及时上升能够及时识别合规风险，促进风险事项的顺利解决，保障合规体系的有效运行。因此，除建立完整的举报机制外，中兴通讯还设立“要事上报”制度，各部门可以通过“要事上报”途径上报重大问题，持续跟进、推动并关闭要事，及时预警风险。

要事上报作为重大风险的上报渠道，与合规举报存在区别：(1)报告事项不同。合规举报事项为已发生的疑似违规行为；要事上报事项范围则更加宽泛、更加侧重于潜在风险事项，包括上报部门内现有资源、流程无法解决的要事，跨部门、跨领域有协同分歧的要事，可能给公司带来不利影响、重大风险的要事。(2)处理主体不同。在合规举报中，中兴通讯合规稽查部为举报线索的接收、登记、预调的处理部门；在要事上报中，涉及主体则包括要事提出部门、要事解决部门以及首席法务官办公室。[①]（3）处理结果不同。在合规举报制度下，符合合规调查举报线索会进行立案调查。而在要事上报制度下，根据上报要事时已确定的解决方案，或根据在要事讨论会中形成的解决方案，相关部门须积极推动要事解决，确保上报事项得以闭环；在要事上报过程中，中兴通讯会对上报的疑似违规事项进行立案调查，但并非所有的要事都属于调查事项。

2. 自愿性披露

ECG也指出提交自愿性披露在企业违规事项处理中的重要性。对于中兴通讯而言，披露是指在获悉其股份有限公司、子公司及分支机构（定义为中兴通讯股份有限公司及各控股/控制子公司和分支机构）可能存在违反美国出口管制法律、法规、行政命令、许可证等要求的潜在违规行为，美国相关机构调查或实质知悉相关行为前，由其向相关机构自愿披露潜在违规行为，并提交相关信息和材料文件的行为。长期以来，中兴通讯都注重潜在违规事项的披露工作，通过制定并发布《出口管制披露业务整体运作指导书》，更进一步明确和细化披露业务运作机制，提升披露行为的标准化和协调效率。

《出口管制披露业务整体运作指导书》规定：在线索和立案阶段，对于经过初步判断可能涉及潜在违规的事项，出口管制合规部对外提交初始披露通知；在调查阶段，披露事项贯彻“边调查边披露”原则，合规稽查部调查员及时知会出口管制合规部在调查过程中的案件违规事实重大进展，并

① 在要事上报过程中，要事提出部门、要事解决部门所对应的首席法务官办公室的部门对接人需参与要事讨论会，并推动要事解决部门解决要事。

由出口管制合规部判断是否需要将相关材料进行补充披露;在结案阶段,出口管制合规部根据案件调查报告和披露要求,对外正式提交披露文件。同时,该规范还明确了年度披露业务的复盘要求与更新宣贯要求,确保披露业务的不断完善,提升员工的披露意识。

此外,中兴通讯持续对自愿性披露进行宣贯。自 2018 年起,中兴通讯管理层、出口管制合规部、合规组织管理部进行了多次自愿性披露宣贯,呼吁员工严格遵守披露要求,倡导共建合规文化与披露文化。

(四)合规纪律处分衡量

纪律处分不仅是公司经由合规调查后对相关责任人所进行的追究处理,而且是提升员工合规遵从意识的有力方式。因此,合规纪律处分应当基于调查事实公正作出。合规调查处分衡量的一般原则是,对违规行为人作出人事处分建议时,应根据违规的实质内容、性质、情节和对公司所造成的影响等因素,依照相关问责规定进行处理。中兴通讯合规稽查部制定了专门的《违反合规制度与政策的处罚衡量指引》,规定了在合规调查和处理过程中,除客观违规行为外,各种会影响处罚轻重或免于处罚的事实情况及对应的处理方式。在处罚衡量过程中,将综合考虑违规行为的轻重,同时考虑违规行为结果的严重性、主观状态、配合调查的程度以及是否具有自我披露、举报立功和污点证人等因素,宽严相济,实现处罚的警示和引导作用。对于外籍员工和海外子公司在不与当地法律和法规相冲突的情况下参照适用。

（五）关键人员标签管理

正如前文“合规调查的协同”所述，合规调查的顺利开展需要多方协作配合，而调查过程中最为关键的环节便是调查信息的获取，其涉及调查相关人员对合规调查的配合程度以及历史信息的便利获取。然而，在调查实践中，案件相关信息的获取往往是调查的难点。调查信息获取之难在于：(1)因“人”而难，即调查相关人员离职、转岗，导致其与调查相关的工作信息无法获取，或被调查人员配合意愿不高，未能提供真实完整信息；(2)因“数据”而难，即由于设备维修、更换、报废或系统重装，设备存储信息丢失，或由于数据存储平台变更，设备存储信息丢失。为此，中兴通讯设立关键人员管理机制，保障合规调查中人员的配合以及信息的获取，实现合规调查的顺利进行，确保合规调查的完整性与有效性。

其一，通过“对人的管控”，实现合规调查中的人员配合。中兴通讯制定并发布《关于合规调查关键人员标签的实施细则》，将合规调查相关人员标记为合规调查关键人员，在人力资源相关流程中进行系统化嵌入，在人员离职调动、聘免、任命等关键环节，确保关键人员妥善履行对合规调查的配合义务，保障合规调查的顺利进行。

其二，通过“对数据的管控”，实现合规调查中的信息获取。中兴通讯制定并发布数据保全管控指引，建立健全合规调查关键人员数据保全合规管控机制，强化对合规调查关键人员数据保全的管控，明确相关场景下的管控要求和流程。首先，数据保全管控指引要求合规调查关键人员必须遵守《文档及数据保存强制性规定》《合规稽查数据保全通知》等相关文件的要求，履行数据保全的义务；其次，数据保全管控指引对关键人员的设备进行场景化管理，相关管控场景包括设备拆机维修、硬盘消磁、设备报废、重装操作系统、更换新电脑等，并在系统中嵌入对设备的合规管控。

四、合规审计：独立客观的风险管理效果评价

合规审计是检查公司合规计划有效性的重要手段。通过合规审计，可以检验公司搭建的合规体系是否正常运转，确认书面政策和指引是否得到有效执行、合规管控措施是否被一贯执行和遵从，员工是否了解公司的合规建设、管理层合规承诺及与自身职责相关的合规管控内容。同时通过合规审计，还可确认被审计单位需要改进的地方，并得到相关单位支持，共同努力，促进完善提高。

（一）合规审计依据

中兴通讯的合规审计是根据公司各项合规制度与政策，对合规制度与政策制定的合理性、合规流程的完整性、业务合规管控要求的落实情况等进行的一种独立监督活动。合规管理委员会是公司合规审计工作领导机构，全面统筹公司合规审计体系建设，监督和指导公司各项合规审计工作的开展。合规稽查部在合规管理委员会的领导下，建立健全公司合规审计体系文件，组织制订公司合规审计规划和年度审计计划，并推动合规审计工作有序进行。

合规审计依据可以分为外部合规审计依据和内部合规审计依据(见图6-4)。外部合规审计依据包括经营所在地的法律、法规、条例、规定及涉外事务需遵守的国际惯例条约等;内部合规审计依据包括公司级的文件和规定、合规审计实体内部适用的指引、要求、办法等约束性文件。其他没有固定形式的具有建议性或倡议性的文件也会参考适用。若合规审计相关方对合规审计依据有异议,可在审计实施前向合规稽查部提出,对合规稽查部的解释有异议的,可提请合规管理委员会复议。

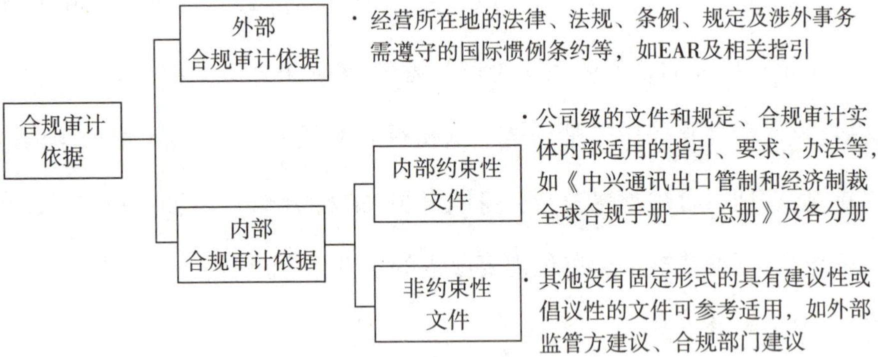

图6-4 合规审计依据

(二)合规审计原则

合规稽查部在执行合规审计过程中遵循以下原则:

1. 风险导向原则。合规稽查部主导的审计工作以风险为导向,将风险要素作为审计范围选取、审计内容确定、审计资源配置等重要决策支撑依据。

2. 独立性原则。合规稽查部审计小组保持充分的独立性,不直接参与合规审计实体的实际经营管理活动,不与合规审计实体存在直接利害关系，以保障所开展的合规审计工作不受干扰。

3.客观公正原则。合规审计工作应当实事求是，以客观、充分的证据为支撑，按照公司适用的外法内规，提出不带偏见性、符合客观实际和职业判断的结论。

4.保密性原则。合规审计工作应恪守保密原则，审计工作过程中收集到的任何信息均应被审计人员视为保密信息。合规审计人员只能在审计工作所必需的情况下获取、使用信息，不得收集与审计工作无关的信息或利用其谋取利益。

（三）合规审计范围选取

审计范围，是指针对特定审计对象所开展的审计实践活动在空间上所达到的广度。合规审计范围一般依据合规审计目标确定。合规审计目标是以风险为导向，通过科学的审计程序及方法，发现合规审计对象存在的合规问题和违规行为，为合规体系设计和执行的有效性提供合理保障。中兴通讯合规审计范围包括具有合规义务的所有实体。

为保障合规审计目标的实现，遵循客观、科学的审计范围选取原则，指导合规审计工作的有序开展，合规稽查部结合公司实际在外部审计咨询机构的协助下制定了专门的合规审计范围选取指引。该指引主要包括审计范围选取原则、选取关键因素及选取规则、审计范围选取工作协同机制、工作步骤、应用案例等。

1. 审计范围选取原则

(1)风险导向原则

为保障合规审计目标的实现,在审计范围选取时优先考虑出口管制、反商业贿赂、数据保护合规风险高、中的实体或领域,将审计资源在高、中风险和低风险实体或领域间合理分配,在保证审计效率效果的同时,降低审计风险。

(2)有序覆盖原则

为保障出口管制、反商业贿赂、数据保护合规审计目标的实现,合理配置审计资源,平衡审计效率效果与审计风险,对于公司总部各 BU 以及纳入高审计优先级的实体,实现 3 年审计全覆盖。

(3)与合规检查相协同原则

出口管制、反商业贿赂、数据保护合规审计是一项独立的审计活动,在保障审计独立性的同时,需要与合规检查工作相协同。对于高审计优先级的实体,在开展合规审计之前,BU 合规团队(原则上至少 6 个月,但不超过 1 年)先行开展合规检查工作。对于未纳入高审计优先级的其他实体,原则上以 BU 合规检查为主,合规稽查部对合规检查结果进行质量抽查,提出必要的改进建议。

2. 影响审计范围选取的关键因素及选取规则

以出口管制合规审计为例,出口管制合规审计范围的选取一般综合考虑多方面影响,其中关键因素主要包括三类:一是风险因素;二是管控因素;三是特殊考虑事项。上述三类关键因素下又具体包括多个因素。

在审计范围选取时,将上述三类要素下的多因素纳入“出口管制合规审计范围选取模型”，首先运用综合评分法进行计算排序，确定高审计优先级实体范围；然后按照特殊考虑事项，考虑审计资源的配置，确定纳入年度审计范围的实体。

（四）合规审计方法

在合规审计工作中，合规稽查部审计人员通过实施控制测试与实质性测试程序，发现合规审计对象存在的合规问题和违规行为，评价合规体系设计和执行的有效性。合规审计人员基于审计工作成本效益原则选择采用详查或抽查两种基本审计方法，并根据审计项目类型、审计证据的性质、特定审计对象的特征，综合运用监盘、查询及函证、检查、观察、计算、分析复核等选择具体审计方法，涉及特定专业领域的，可以借助专家工作以获取充分、适当的审计证据。基于成熟的审计方法指引，中兴通讯的合规审计工作在规范管理和流程遵从下有序展开。

（五）合规审计类型及示例

中兴通讯合规审计包括常规合规审计及专项合规审计。

常规合规审计是通过对各审计实体所涉及的所有重点合规领域进行审计，评估合规体系设计和执行的有效性，向各审计实体出具合规审计报告并跟踪整改的过程。常规合规审计工作应按照合规审计规划在公司各实体范围内有序开展，每年至少组织 1 次。

专项合规审计是对常规合规审计的支撑与延伸，通过对重要合规领域中的特定事项或要素进行审计，更加深入细化地评估重要合规领域中关键管控措施设计及执行的有效性,出具专项审计报告并跟踪整改的过程。专项合规审计据内外部监管政策变化、公司业务发展与合规管控需求制订合理的计划,并按计划组织实施。

常规合规审计一般以实体维度,围绕出口管制合规措施落实情况展开,在ECP八要素方面具体评价:(1)管理层承诺;(2)业务风险评估;(3)出口授权;(4)记录保存;(5)出口管制合规培训;(6)审计和检查、自我评估和年度证明;(7)违规调查;(8)创建并维护出口管制合规手册。在业务风险评估要素中,根据子公司的经营情况,对供应链、销售及市场推广、工程服务、研发、财务等领域开展具体业务合规审计。专项合规审计的类型则比较多、形式灵活,如对子公司和总部单位开展的ECCN上网发布合规专项审计、受限制主体筛查专项审计、GTS合规管控审计、LTC流程售前阶段合规审计、LOA/EUD出口合规语言签署专项审计、军事最终用户营销项目专项审计、受限制主体营销项目专项审计等。

(六)合规审计结果应用

合规审计结果主要包括合规审计问题发现与建议、合规成熟度评价,均记录于合规审计报告之中。为促进各单位从合规审计中总结问题、吸取优秀经验以及分享最佳实践,促进公司合规体系持续完善,合规稽查部展开合规审计结果应用。在合规审计结果具体应用方面,除了合规审计对象应根据审计报告中的问题发现与建议,按照《合规审计管理规范》中的要求进行问题整改外,还应对合规审计结果进行延伸运用,以促进出口管制合规体系的持续提升,包括合规审计成熟度评价结果运用、合规审计共性问题总结及最佳实践分享、出口管制合规优秀经验分享三个方面。

1. 合规审计成熟度评价结果运用

合规稽查部在出口管制合规审计的基础上，对被审计单位 ECP 八要素进行评级，共分为五个级次，从低到高低依次为：Ⅰ起步级（Unstructured）、Ⅱ初始级（Reactive）、Ⅲ基础级（Evolving）、Ⅳ主动级（Proactive）、Ⅴ推广级（Optimized）。合规稽查部将综合被审计单位 ECP 八要素评级结果，进一步运用到出口管制合规审计范围选取工作中。值得注意的是，对于被审计单位 ECP 八要素评估仅是基于审计期间内，对被审计单位 ECP 八要素的状态进行客观评价，从而为被审计单位 ECP 各要素提升提出相对明确的进阶路径，并不直接意味着对被审计单位出口管制合规管理水平高低和 ECP 体系有效性的评判。

2. 合规审计共性问题总结及最佳实践分享

合规稽查部每季度从公司合规审计/合规检查问题库中，对上季度出口管制合规审计/合规检查问题进行总结、提炼，组织制作共性问题与最佳实践宣贯材料，并组织在公司范围内开展出口管制合规共性问题与最佳实践宣贯工作，以便公司各单位了解共性问题，尽最大可能避免此类问题在本单位重复发生，学习最佳实践，提升合规管理水平。

3. 合规优秀经验分享

BU 合规团队根据需要对各业务单位的合规工作进行评估，对表现优异的单位进行通报表彰并推广其优秀实践。合规稽查部配合 BU 合规团队提供评估所需的素材。比如，2021 年评选的“掌上合规：随时随地主体扫描”优秀合规实践，通过将受限制主体扫描功能从 PC 端扩展至手机端，提高了用户使用主体扫描的便捷性;2022 年评选的"访客申请流程合规优化"优秀合规实践,通过优化流程、减少信息重复填报,访客信息等内容仅需填报一次,即可多实现多系统自动共享信息,一次多名或多次连续来访,减少重复提单;新工具自动进行受限制主体扫描并在线显示结论,取消扫描结论的下载和上传环节,极大提升扫描效率。